図解でわかる *Supply Chain Management*

SCM
いちばん最初に読む本

一般社団法人城西コンサルタントグループ
会長　中小企業診断士　神谷俊彦

アニモ出版

は じ め に

　商品やサービスが消費者の手に届くまでの間には、複数の過程が存在します。それを総称した「サプライチェーン」（＝ＳＣ）は、経営システムの根幹をなす概念です。

　多くの書籍や論文では、ＳＣの過程におけるさまざまな問題を分析したり論じるものが多くあり、中心となる「サプライチェーン・マネジメント」（＝ＳＣＭ）については、多種多様な解説がなされています。

　しかし、ＳＣＭに関連する業務に就いた人は、これらの本を読んだとしても、よほど経験を積んでいないと、すぐには仕事にならないはずです。

　なぜならば、ＳＣを構成しているプロセスを担うのは、自分の経験しない事業者・事業部門ですから、根幹のところで何が起こっているのか理解できないという面があるからです。

　本書では、ＳＣＭがカバーする業務範囲の広さをまず説明し、そのあとで、自分の業務をどのように遂行したらよいのかについて解説しています。

　ともかく一見、得体のしれないＳＣ全体がどのようなものか把握できれば、次に進む勇気が出てきます。問題解決にも未来への道も開けてくるはずです。

本書は「いちばん最初に読む本」ですから、誰でも知っているような点も含めて記述していますが、基礎から見直してみたいと考えている経営者やリーダーの方にも参考なると考えています。

　私は、ＳＣＭのもつ大事な機能に魅了されて、この本を書いています。
　これからＳＣＭがまだ進化していくのは確実なので、近未来もカバーしてソリューション（解答・解決法）を提供しているつもりです。
　本書をお読みいただき、その可能性を感じて、皆さまの仕事に少しでも役立つヒントを獲得していただければ、とてもうれしいことです。

　2020年1月　　　　　　一般社団法人城西コンサルタントグループ
　　　　　　　　　　　　会長　中小企業診断士　　　神谷　俊彦

はじめに

1章
サプライチェーン・マネジメント(SCM)の基礎知識

2章

経営管理とサプライチェーン

3章

情報力がつくるSCMの基盤

4章

物流管理に欠かせないロジスティクス

5章

事例から学ぶSCMの課題

6章

SCMとリスクマネジメント

7章
サプライチェーンが貢献する ＳＤＧｓの課題

8章
サプライチェーンの将来について考えてみよう

カバーデザイン◎水野敬一
本文ＤＴＰ＆図版＆イラスト◎伊藤加寿美（一企画）

1章

サプライチェーン・マネジメント（SCM）の基礎知識

Supply Chain
Management

1-1 サプライチェーン・マネジメント とは何か

原材料・部品調達から販売までのプロセスを管理する

「サプライチェーン・マネジメント」（Supply Chain Management。以下「ＳＣＭ」と略します）とは、直訳すれば**「供給連鎖管理」**（きょうきゅうれんさかんり）となります。

具体的には、「原材料・部品調達 → 生産 → 物流・流通 → 販売」という一連のプロセスの連鎖を管理することをいいます。このことはすでにご存じの読者の方も多いかと思いますが、現実にはこういう連鎖は複雑化しているので、ＳＣＭの構築はどの会社でも大きな課題になっています。

本書では、ＳＣＭにまつわるさまざまなことを説明していきますが、まずＳＣＭの基本を理解するために、俯瞰的なものの見方から始めましょう。

「広さ」「深さ」「期待」が理解を難しくしている

サプライチェーンとは「原材料・部品調達から販売まで」と前述しましたが、ＳＣＭを理解する難しさの一番目はその「広さ」です。広さとは、製品（商品）を顧客に届けるまで、複数の企業間で統合的な物流システムを構築しているということです。

自社だけでも大変なのに、複数のシステムが連結されているため、連結部分全体を１つとしてとらえて、管理しなければなりません。したがって、初めてＳＣＭ関連業務を担当する人には、雲をつかむような気がすると思います。

二番目の難しさはその「深さ」です。カバーする範囲が広いうえに、販売や購買などのプロセスについて相当な知識をもって理解しておかないと、仕事はできないのです。あとで解説しますが、たと

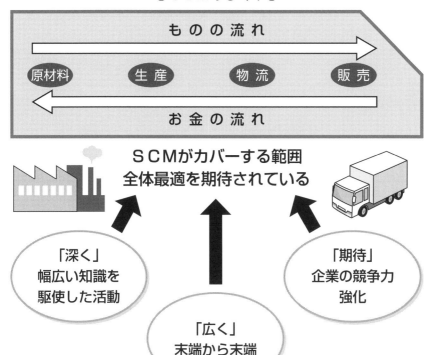

◎SCMのしくみ◎

もの の 流れ

原材料　　生産　　物流　　販売

お金の流れ

SCMがカバーする範囲
全体最適を期待されている

「深く」
幅広い知識を
駆使した活動

「広く」
末端から末端

「期待」
企業の競争力
強化

えば、ＳＣＭでは情報システムの活用も必要になりますが、その進歩についていくのは一苦労です。

　三番目の難しさは「期待」です。ＳＣＭへの期待には大きいものがあります。ＳＣＭの役割は、もともとは納期短縮やコストダウンだったのですが、顧客ニーズや時代の変化などにより企業の競争力を決めるような存在になってきました。そのため、**リスク管理**のち密さ・正確性が必要になり、企業の社会的責任の一端も担うようになりました。

　このような難しさについては、多くの人が気づいてはいるのですが、実際に担当になるまではなかなか実感がわかないので、経験者以外にはその大変さはなかなか理解してもらえないでしょう。

1-2 そもそもサプライチェーンとは何か

 ## スコアモデルを記述するとわかりやすい

　ＳＣＭにおいて管理される「**サプライチェーン**」（供給連鎖：「ＳＣ」と略します）は前項に示したとおりですが、では管理する対象のＳＣはどのように表現するかという問題があります。

　まずは単純に考えてみると、製造会社は材料を購入して工場で加工して顧客に出荷するというビジネスモデルですから、管理する対象は「①材料を購入」「②工場で加工」「③顧客に出荷」と分けることができます。１つの製品が仕上がるまでには、これが複数連なる場合もあるでしょう。これらは、ＳＣＭで管理する対象ということです。当たり前のように思えるかもしれませんが、このことは以降の議論につながる大事な基本的部分です。

　ＳＣＭの普及・啓蒙を図る米国の団体「Supply Chain Council」（ＳＣＣ）によってまとめられたＳＣのスコアモデルがよく引用されます（1996年に開発されました）。このスコアモデルは、ＳＣＭについて共通の言葉で議論ができるように、フレームワークやビジネスモデルをまとめたものです。

　その内容は、要素をモデル化しているだけでなく、業界ごとの参照モデルの提供、状態監視の方法、成果のまとめ方など、理論というよりも実務的に参照できるものになっています。

　特にこのモデルでは、計画プロセス（PLAN）、４段階の実行プロセス（Source、Make、Deliver、Return）、それらの実行を管理する手法（Enable）によって構成されています。この構成が、ＳＣＭを理解するポイントです。ここでは権利などの問題もあり、スコアモデルの全容を示すことはできないので、詳細はＳＣＣのホームページを参照していただくことになります。

◎製造会社のスコアモデル記述例◎

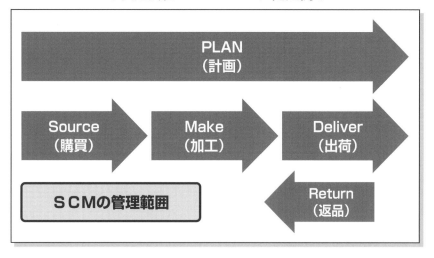

スコアモデルの考え方を基本とすると、
上図が**基本レベル1**とすれば、「Make」を分解して
「材料ストック」「材料加工」「仕上げ」を**レベル2**とする
モデル化ができます。
この製造会社の次に、別の製造会社がくる
連結モデルも可能になります。

　このモデルを使ってSC（単純なもの、複雑なもの）の記述ができます。そのモデル化から、どのような管理をするのか、どのような異業種がリンクするのか、それに必要な管理能力はどのようなものかを判断できることになります。
　モデル化については、注文入力から支払済み請求書まで、すべての顧客とのやり取りを頭に描いてみると検証できると思います。物事を図式化して理解する習慣を持つことで、SCの記述は事実上できているはずです。

1-3 SCMの 目的・役割・機能とは

📱 SCMの意味や手法は進化している

　「SCM」自体は、経営用語として認識されていて、何か法律的なしばりや規制があるわけではありません。各企業で定義を設定して、その意味や役割を決めていけばいいわけです。

　しかし、1980年ころにこの言葉が生まれた理由は、製品の開発から販売までの各プロセスにおける**在庫量や滞留時間などを削減する**ことにありました。

　顧客に最短かつタイムリーに製品を供給し、業界（あるいは企業）全体としてリードタイムの縮小、在庫の縮小、設備の稼働率向上などによって、コスト削減、経営の効率化をめざすものとされていました。この狙いは、現在も変わりませんが、その意味や手法などは進化しています。

📱 SCMが管理する範囲は広がっている

　具体的には、かつては各プロセスに複数の異なった企業がリンクすることや、少量多品種の時代（たとえば「インダストリー4.0」のようなこと）は予想されていませんでした。情報技術の進展や管理手法も現在では、1980年代とはまったく異なっています。

　当時と比べたら、SC全体の効率は上がり、ムダも削減できましたが、SCMの管理範囲はさらに広がり、供給構造も複雑化して管理業務の善し悪しが企業収益に影響する度合は増すばかりです。

　経営学者のドラッカー氏がその著書で、「競争上および収益上意味を持つコストは、プロセス全体のコストである。市場で意味があるのは、経済的な現実であって、プロセス全体のコストである。経済活動の連鎖全体のコストを管理し、成果を最大化しなければなら

16

◎SCMに期待される役割と機能◎

企業や業界における全体最適をめざすのが基本的な期待
　　⇒そのために具体的な課題を検討する

たとえば、

品　質	目標品質で供給する
リードタイム	注文後、最短かつタイムリーに供給する
コスト	目標どおりのコストを達成する

上記を達成するために経営資源を計画的に使う

SCM担当者は経営者の役割と同レベルの機能になる

実際には、外注管理や生産管理などの業務別や製品別に役割が決まり、在庫や各プロセスのリードタイムを計測することで目標達成の課題を解決して、「コスト削減」「経営の効率化」をめざす！

ない。誰が所有しているかは関係ない」としているのは、ドラッカー氏らしい指摘でした。

　そして、米国大手スーパーのウォルマートが需要予測をはじめとして、関連業者を含めた独自のノウハウを展開して差別化を図ってきたのは、SCMの役割をよく物語る事例といえます。

　さらに時代が進み、7章でも解説しますが、サプライチェーンを管理するのは**企業の社会的責任**であるとの見方もされるようになり、企業競争の機能にとどまらないというのが現実です。

SCMの構造改革が必要になっている

　近年、多くの企業でサプライチェーン・マネジメント（SCM）の構築・再構築が進んでいます。その理由は、個々の企業により違いはあるでしょうが、いま、どうして再構築が叫ばれているのかを知っておく必要があります。

　そこで、その理由について考えてみたところ、大別すると以下の3つの背景が存在することがわかります。

①多品種少量生産の増大

　1–3項でも説明したように、従来の大量生産のスキームを無理に多品種少量に適用しているので、構造改革できないまま現在に至っています。特に、ネット販売の増加でBtoB（企業間取引）においても、小口配達の需要が増大しています。

②キャッシュフロー経営

　キャッシュフロー重視の経営は昨今、急にいわれてきたわけではありませんが、小ロット化や情報化が進んだ結果、在庫やリードタイム指標の改善が企業の優先課題になってきました。

③企業のグローバル連携

　1–3項で示したように、競争力を高めるためには全体コストをコントロールする必要があり、しかも海外生産の増加などで海外企業がSC内に組み込まれることで、管理がさらに複雑になっています。

　これらの3つの変化は、すべて急に起きてきたわけではなく、むしろゆっくり起きてきたことが各企業の構造改革を遅らせてきた理由でもあります。SCM担当者も気がついてはいても、部分最適で終わらせてしまった場合も多かったのではないかと推察します。

◎SCMの構造改革とは◎

時 代 の 変 化

多品種少量生産
（小ロット）

キャッシュフロー経営
（在庫削減要求）

ＳＣのグローバル化
（管理の効率化）

変化に対応する
回答とは？

● 情報力強化
（見える化）

● 人材育成

● 組織の見直し

情報技術の活用については３章でも説明しますが、指標や成果
をいかに「見える化」するかがカギになります。

　事実、先に述べたウォルマートも決して改革の時期が早かったわ
けではなく、ネットの影響がわかってからです。もちろん、アメリ
カの企業ですから、やるときは迅速に実行します。
　ＳＣＭの構築・再構築の方法は、企業の事情によって変わってく
るでしょうが、日本企業においても、コスト高から国内生産をやめ
て海外企業から完成品を調達するとか、外注に出していた工程を内
部に取り込みリードタイムの短縮を図る、といった動きが活発に行
なわれています。
　このような企業の動きと管理のレベルを調和させなくては経営効
率が上がらないため、ＳＣＭへの期待が増大するわけです。

ＳＣＭの「管理」とは何か

ＰＤＣＡサイクルをしっかりと回そう

　サプライヤー、メーカー、物流、小売の１つひとつを最適化するのではなく、サプライチェーン全体を統括して最適化を図るのがＳＣＭです。そのために必要となるのがＳＣＭの「**管理**」です。

　しかし、ＳＣ全体を統括して最適化を図ることが「管理」の目的であるとしても、具体的に何をどうすればいいのかが明確でないと行動できません。そこで、その手順について説明しておきましょう。

　まず「管理する」とは、シンプルに表現すれば、目標を効果的に達成するために、ＳＣそのものの維持や改善を図る行為です。管理者あるいは管理する部門は、目的達成のためには改善する必要もあります。当たり前のことですが、目標がはっきりしないと、管理はできません（実際には、目標だけでなく目的も明確である必要があります）。

　しかも目標というのは、**数値で表現**されなければ行動に移せません。たとえば、「売上を大きく伸ばす」というのは目標にはなりません。「売上を30％伸ばす」としなければならないわけです。そうすることによって初めて、どうやって売上を伸ばすかという作戦が立てられます。

　管理するためには、この「作戦」が必要です。作戦を立てるためには、「現状」を把握しなければなりません。そして、いままでのやり方を「確認」してから作戦を立てます。ここまでいうとわかると思いますが、つまりは**ＰＤＣＡサイクル**（Plan − Do − Check − Act）を回すということです。

　ＰＤＣＡサイクルをしっかり回すということが簡単ではないことは、皆さんも理解されているでしょうが、特にＳＣＭにおいて難し

◎管理業務のポイント◎

①管理対象を決める

②達成目標を決める

③現状を把握して目標と現状の差を分析する

④差異（ギャップ）を改善する方策を決める

⑤作戦を実行する

⑥成果を検証して問題点と課題を発掘する

⑦上記①〜⑥を繰り返してPDCAサイクルを回す

SCMの管理業務では、コストダウンや工期短縮の目標値を決めることは簡単だが、対策を立てるのは難しい。

管理業務においては、現状把握が最重要課題。

現実がわかれば対策は打てる！

いのは「現実の把握」、要するに**現状分析**です。

たとえば、在庫改善というテーマを例にとると、在庫がどれくらいあるのかは調べればわかります。でも、これは現象をとらえただけで、なぜこの在庫量が生まれたのかという理由が把握できていないと対策を打てないのは明らかです。どんな業界のどんな在庫であっても、在庫が生まれるメカニズムを正確に分析するのは、簡単なことではありません。

SCMの役割について、在庫管理であると説明しましたが、原材料から製品在庫まで管理対象は多種多様に存在しています。管理する対象と目標を決めてから、PDCAサイクルを回すというのがSCM管理者のタスクです。本書では後で解説します。

経営統合の作業に時間がかかるワケ

　大きな企業同士が合併するときは、経営統合に非常に大きな作業量が発生します。どうしてそんなに時間がかかるのでしょうか？

　時間がかかること自体は不思議ではありませんが、1年がかりのオーダーで作業を終わらせる話はよく聞きます。やはり規模が大きいため必然的に決定事項も膨大になり、担当者がいちいち個々の実例を確認しながら慎重に決定していくために、どうしても時間がかかるのでしょう。

　時間短縮を試みる手段として、テンプレートを決めてそれに合わせる方法もよく行なわれますが、それでも変更や修正が必要になり、本当にそれでよかったのかどうか、疑問が出てくるケースもあります。

　では、それは大企業だから起きていることであり、中小企業では起きないかというと、そうでもないときがあります。たとえば、Ｍ＆Ａなどで経営統合をするときに、販売や生産の現場でＳＣ全体と整合性をとらずに進めてしまうとトラブルの原因になるのは明らかです。

　つまり、企業規模の大小に関わらず経営統合の作業には苦労するわけですが、「統一した見解で！」「一丸となって！」「10年先を見すえて！」といったスローガンだけではスムーズには進みません。具体的に何を決めなければならないのか誰も経験したことがないので、どの作業をどう進めればよいかわからないのが問題なのです。

　多くのケースで全社が慎重になってしまうのは、お客様を大事にする日本人の気質からくることが多いようです。購買先や関連企業には自分たちの都合を押しつけられるけれども、お客様にはそうはいかないわけです。

　しかし取引の矛盾の多くは、お客様との間にある旧来の商慣習やアウンの呼吸に原因があり、具体的には請求と支払いが原因になることが多いようです。

　いつ請求できるのか、そもそも注文をいつ受けたことになっているのか、など他部門にはわからない矛盾を抱えているのが販売管理です。とにかく矛盾を明確にして意思決定をしないと前には進めないわけですが、本書でその解決のヒントを得られれば、と考えています。

2章

経営管理とサプライチェーン

Supply Chain
Management

2-1 ビジネスモデルとしての サプライチェーン

■ SCの管理はビジネス全体に及ぶ

　1章で説明したように、**サプライチェーン（SC）**とは供給連鎖のことで、連鎖全体を目的をもって管理することがSC担当者の仕事です。

　SCの管理は全体管理ですから、事実上**ビジネスそのものを管理**することになります。この章では、競争優位性のあるSCを構築する方法を通して、SCの全体像について理解を深めていきましょう。

　SCとは、調達から生産、流通、小売を経て消費者に届くまでのプロセスを指しますが、**サプライチェーン・マネジメント（SCM）**とは、そのプロセス（過程）を1つの流れとしてとらえ、企業間の枠を取り払って、最も効率的な供給体制を実現するための経営管理手法のことです。

　1982年に米国のコンサルティング会社ブース・アレン・ハミルトンが提唱し、「SCM＝供給連鎖管理」と直訳されています。販売実績から需要予測を行ない、生産や出荷計画を立てて、タイムリーに商品を供給するとともに、在庫の圧縮、リードタイムの短縮を図り、コスト削減を実現します。

　調達・生産・流通・小売をそれぞれつなぐ**物流**は当然、最重要テーマの1つに位置づけられます。そのため、物流センター機能や輸配送ネットワークの拡充に取り組み、SCMを強固にする動きも強まっています。

■ ビジネスモデルの役割

　SCを理解するには、その全体像を描いてみるのが一番です。そのために1-2項でモデル化を示しましたが、そのモデルのつくり

◎経営管理とSCの関係◎

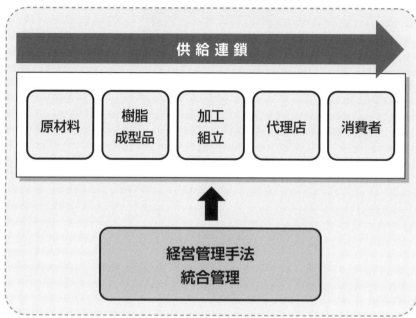

供給連鎖

| 原材料 | 樹脂成型品 | 加工組立 | 代理店 | 消費者 |

経営管理手法
統合管理

方を考えるうえでは「**ビジネスモデル**」の概念を知っておくと理解が深まります。スコアモデルも結局は、ビジネスモデルがわかっているということが前提です。

「ビジネスモデル」については次項で説明しますが、簡単にいえば、「**ビジネスのしくみをモデル化**」したものです。SCMに焦点をあてたモデル化とは少し違っています。

ビジネスモデルは、SCMの目的とするコストダウンやリードタイムの短縮に対しても、ビジネスの構造を明確にして実現するものとして活用されます。

現状の課題を解決するには通常、コストの分析から入りますが、ビジネスモデルを使ってどの部分にどれくらいのコストがかかっているのかがわかれば、どの部分を優先的に取り組み、どうすればコスト削減ができるかといった、焦点を絞った議論が可能になります。品質向上や工期短縮についても同様です。

2-2 ビジネスモデルとは何か

どのようにして、どれだけ儲けることができるのか

　ビジネスモデルは、1990年代から米国で使われ始め、2000年ころからは日本でも多くの研究発表が行なわれました。いろいろな考え方がありますが、「**ビジネスの設計図**」という概念でとらえておけばいいと思います。あえていえば、「**成功（価値）を生む**」という言葉を付け加えるといいでしょう。この定義については、多くの解説書にも出ていますが、たとえばビジネスモデルで特許を取ろうとすると、詳細な論理の組立てが必要になります。

　しかし実用的には、難しく考えすぎる必要はありません。多くのビジネスでは「成功（価値）＝お金」と考えていいので、つまりビジネスモデルとは、「**誰に、何を、どのように提供し、どこでどれだけ儲けるか**」ということです。ビジネスとして利益を継続的に生み出す製品やサービスあるいは収益を生みだす「しくみ」を示したモデル（体系）を指しているわけです。

ビジネスモデルの作成に必要な5つの要素とは

　ビジネスモデルでは、右ページ図のように企業の事業を示します。実際には、ビジネスで成功するためにはフレームワークなどを活用してさまざまな観点から要点を押さえておかなければなりません。

　しかし実務で使うためなら、用紙1枚程度に表わしておければ十分です。その押さえておきたい要素は次の5つです（もっと細かく分類する方法もありますが本書ではここまでとします）。「**顧客**」を見すえて「**提供価値**」「**利益方程式**」「**経営資源**」「**プロセス**」という互いに関連し合う要素によって作成します。

　記述方法にルールがあるわけではないですが、事例を示しておき

◎魚屋さんのビジネスモデルの記述例◎

ビジネスモデルは「収益の生み出し方」や「課金方法」など、カネの流れに注目することにより、価値創造を生み出す構造を見つけます。魚屋さんのケースでも、生き残っている魚屋さんには競争優位性が必ずあります。具体的には、美味しい、新鮮な素材、顧客ニーズに合致した品ぞろえなど、こだわりの利点があることでお客さんをひきつけ成功しています。必ず付加価値部分を記述します。

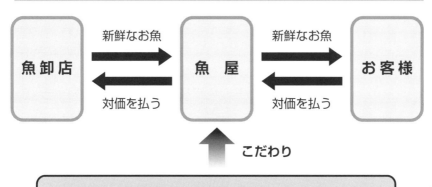

ましょう。いくら小さなラーメン店を開くといっても「顧客：男性」「提供価値：おいしいラーメン」「利益方程式：１杯300円の粗利益」「経営資源：店主の経験」「プロセス：店舗」程度では成功モデルにはなりません。成功するためには、市場調査をしたり、ライバル店の現状を分析するなどの努力が必要です。そのためビジネスモデルの記述は、それなりに深くならなければなりません。

　実際には、複雑過ぎてどこから手をつければいいかわからないという場合もあるようです。ＳＣＭ担当者は、５つの要素にからむすべての組織や企業を管理対象にして、機能を維持改善する役割を果たすことになるため、ＳＣを理解できる程度の深さでモデル化しておかなければなりません。

2-3 経営管理とサプライチェーンの関係

経営管理とSCMに大きな違いはない

　ビジネスモデルを明確にして、管理対象が決まり儲けるしくみが理解できたら、次は「どのように管理するのか」ということが課題になります。

　SC全体の管理については、経営管理と同じ領域です。経営管理とSCMには、企業を発展させるという観点と顧客へ商品を提供するしくみを守るという大きな目的の違いはありますが、使うデータや管理方法には、大きな違いはありません。したがって、経営管理手法を理解することはSCM業務の参考になります。

　1章でも説明したように、経営管理では目標を定めてPDCAサイクルを回す必要があります。特に、管理目標として重要なのは、売上や利益というお金にまつわる部分であることは間違いありません。企業は利益が出なければ存続できませんから当然のことです。

　経営計画を立てるにしても、部門目標を立てるにしても、多くの企業では金額に関する目標を立てることを行なっています。そのPDCAサイクルの構造は右ページ図のようなものになります。企業に勤務経験のある人は改めて意識しなくても理解できると思います。

　しかし、目標のない（あるいは定量的な設定がない）会社は、意外と多くあります。たとえば、売上目標は前年の10%増なのか50%増なのかを決めないと、具体的な作戦は成り立ちません。これは経営者にしか決められません。

まずは経営理念や経営ビジョンの設定を

　本書では詳しい説明は省きますが、経営計画を立てるときは経営理念や経営ビジョンが最も重要な上位概念になります。経営理念や

◎経営計画を立てるためのＰＤＣＡ◎

```
┌─────────────────┐
│    経営理念      │
└─────────────────┘
        ▼
┌─────────────────┐
│  経営ビジョン    │
└─────────────────┘
        ▼
┌─────────────────┐
│    経営目標      │
└─────────────────┘
        ▼
```

┌──────────────┐   ┌─────────────────┐   ┌──────────────┐
│ 内部環境分析 │   │ **戦略ドメイン** │   │ 外部環境分析 │
│   │   ├─────────────────┤   │   │
│ 自社の強み・ │ ──▶ │ 市場ニーズの把握 │ ◀── │ 外部環境の機会・│
│ 弱み   │   │ 市場細分化   │   │ 脅威   │
│ ●経営資源   │   │ 標的市場の選定   │   │ ●市場動向   │
│ ●コアコンピタンス│ └─────────────────┘   │ ●景気動向   │
│ ●技術力   │   ▼   │ ●市場競争環境│
│ ●営業力   │   │   │
└──────────────┘   └──────────────┘

```
        ▼
┌─────────────────┐
│    経営戦略      │
│    経営計画      │
└─────────────────┘
        ▼
┌─────────────────┐
│ 差別化優位性の確立 │
└─────────────────┘
```

経営ビジョンには、どのように設定しなければならないかというルールがあるわけではありませんが、一般的には、経営理念とは「社会のなかでどのような会社でありたいか」を示したものであり、経営ビジョンとは「将来、どのような会社になりたいのか」という姿を示したものです。

　経営理念や経営ビジョンは、社員行動基準や倫理規程なども含めて具体的な経営目標を作成するための前提条件ですから、当然ＳＣＭ管理担当者も理解しておかなければなりません。

2-4 サプライチェーンの構築のしかた

 消費者にわたるまでの流通を考えてみよう

　経営計画が策定されれば、個々の事業計画も基本方針に従って決められていき、ＳＣＭの目標も定められることになります。その前に必要になるのが、ＳＣの構築です。そこで、この項ではＳＣ構築のしかたについて確認しておきましょう。

　これから創業する会社を例にすると、最初は2－2項で紹介した魚屋さんのようなビジネスモデルの作成から入ります。このモデルによって、**物の流れ**と**お金の流れ**の基本が固まります。この構築図では、単なるものの流れだけでなく付加価値をどのようにつけるかも示しています。これが創業者のビジネスの基幹部分になります。

　さらにいえば、魚屋さんは競合店との差別化のために一部、漁港から直接仕入れるルートを持つかもしれません。こういうプロセスを追加して、ビジネスとして成立する供給網の骨格ができます。

　次に**情報の流れ**を付加します。伝票を考えればイメージがわくと思いますが、魚屋さんは卸店に注文を出し、卸店は注文にそって商品を納めます。注文という行為やお金の請求など、伝票のやり取りが発生します。現実には、伝票ではなく電話やメールなどによることも多いでしょうが、情報のやり取りで商取引は成立しています。

　そして、「物理的な魚」のやり取りも、実際には運送会社によって産地からお店まで届けられます。会社を始めるときは、これだけのことを考えて事業の準備をするはずです。商品・情報・お金・流通（運搬あるいは倉庫も含む）・店舗の要素が揃って創業時のＳＣが成立します。

　現在、ビジネスを行なっている会社なら当然、ビジネスモデルがあるはずですが、このような要素にまで分解して理解していること

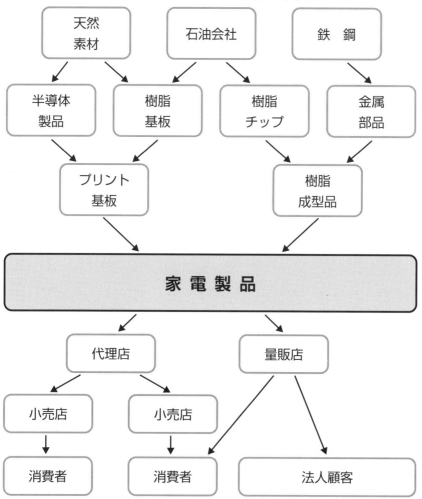

◎家電メーカーのＳＣ構築の事例◎

天然
素材

石油会社

鉄　鋼

半導体
製品

樹脂
基板

樹脂
チップ

金属
部品

プリント
基板

樹脂
成型品

家 電 製 品

代理店

量販店

小売店

小売店

消費者

消費者

法人顧客

は少ないようです。改めてビジネスモデルを作成して〝見える化〟
してみると、新たな問題や課題が見つかります。

　これにより本来の意味でのＳＣを確認することができ、次項以降
で説明する競争力をつけるためのスタート地点に立ったといえます。
これまで考えていた競争優位性は本当に優位性を持っているのかを
検証することで、新たな目標や課題を見つけていきます。

2-5 競争優位性を確保するには

競争優位性はどこまで把握できているか

　ＳＣを管理する目標は「**競争優位性を保つこと**」ですが、競争優位性を築くためあるいは強化するためには、競争優位性の構造を理解しておく必要があります。

　企業の競争優位性の源泉は、企業規模の大小に関わらず単純なものではありませんが、歴史のある企業であっても、自社の優位性を構造的に理解できていない経営者は意外に多いものです。

　ライバル企業についても、彼らの優位性まで把握していないことが多いようです。競争優位性は、企業にとって大事な要素である割には、ふだんは一部の経営者にしか意識されていないのが現実です。しかし、ＳＣ業務の担当者までそれでいいわけではありません。常に、市場において自社が優位な位置にいることが、ＳＣ担当者の業務目標ということになります。

「３Ｃ分析」の必要性

　「**競争優位性**」の構造を理解するためには、４つの要素から考えてみるのが一般的です。４つの要素とは、「**戦う場所**」「**顧客の動向**」「**自社の強み**」「**他社の動向**」です。この分析を行なうのが「**３Ｃ分析**」です。

　３Ｃ分析とは、「**自社（Company）**」「**競合（Competitor）**」「**顧客（Customer）**」の３つを分析して、その内部・外部の差別化に関係する要因を洗い出し、戦いのためのコンセプトを固めて「自社の強み」を抽出する作業です。

　「彼（敵）を知り己を知れば百戦殆からず」とは孫子の兵法ですが、ビジネスの場合には、「顧客」「市場」を付け加えて戦略を立てると

◎3C分析のしくみ◎

3C分析は、顧客や競合などの外部要因の分析を通じて
自社の戦略策定に活かすフレームワーク

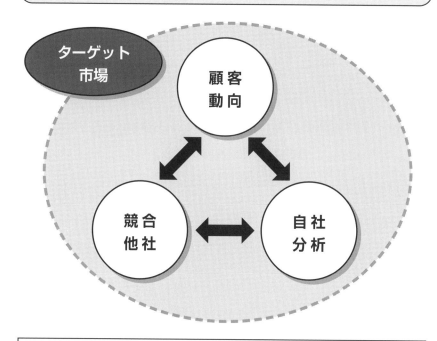

分析する要因を外部と内部に分ける。
外部要因は顧客と競合、内部要因は強みや弱みを確認。

いうことです。自社を取り巻く環境のなかから主要成功要因（KS
F）を見つけ出すことを目的とし、一般的に「顧客分析→競合分析
→自社分析」の順に行なうことが望ましいとされています。

「3C分析」は、SCMに限らずさまざまなシーンで使われる重
要なフレームワークです。社内では徹底的に議論しておきたいとこ
ろです。

自社の競争優位性の分析

「ＶＲＩＯ分析」が効果的

　３Ｃ分析のなかでも「自社（Company）」の分析は、客観的かつ慎重に行ないたいところです。自社分析をする際によく使われるのが、「ＶＲＩＯ分析」という手法です。

　これは、米国オハイオ州立大学経営学部のジェイ・Ｂ・バーニー教授が提唱した理論で、**経営資源にもとづく競合優位性**を分析することができます。この理論で注目されるのは、自社特有の経営資源をどれだけ保有しているかを重視していることです。

　結局、競争に勝つためには、社内を変えていくしかありません。自分が変わることはできますが、相手企業を変えることはできないので、自社を冷静に分析します。そのためＶＲＩＯ分析は、多くの人に支持されている分析手法なのです。

　ＶＲＩＯ分析のフレームワークは、「**経済価値（Value）**」「**希少性（Rarity）**」「**模倣困難性（Imitability）**」「**組織（Organization）**」の４つに区分され、自社の経営資源（人・もの・資金・情報・組織）について、市場における競争優位性を把握するために用います。ＶＲＩＯ分析の名前は、４つのアルファベットの頭文字から来ています。

　バーニー教授の分析方法は、多くの示唆に富んだ事例もありますが、ここで簡単に述べることはとてもできないので、右ページの図からポイントを押さえておいてください。

　たとえば、日本の中小企業の事例を見ても、競争力のある経営資源を持ってしっかりした組織化をしているからこそ、厳しい環境をくぐりぬけて競争優位性を保ち、現在に至る企業が多いのです。

　このＶＲＩＯ分析は、とても参考になります。実は、競合企業の多いなかで生き残っているのに、自社の競争優位性を十分に認識で

◎競争優位性の源泉は「自社の分析」◎

ターゲット市場

人・もの・金に代表される
価値ある経営資本

希少性
（地域性などで希少価値はあるか）

模倣困難
（努力の積み重ねなどで克服）

組織づくり
（しっかりとした基盤づくりが重要）

経営資本（人・もの・金）を効果的に使い、
設備や希少性の高いコアな要素を備えて、
しっかりした組織で戦おうというコンセプトで分析を。

きていない企業がたくさんあります。私は経営アドバイスをすると
きには、いろいろと情報を入手して競争優位性について説明し、そ
れを受けた企業サイドに根本を理解していただいてから、次の経営
戦略を立てるケースがよくあります。

　どんな企業でも、しっかりと分析して自社の競争優位性を理解し
たうえで戦略を立てていかなければならないわけです。

2-7 納期優位性を確保するには

競争力では価格よりも納期が重要

リードタイム（発注から納品までの時間）は、競争の源泉です。多くの企業では、競争の源泉は価格優位性だと考えているかもしれません。しかし、ビジネスを続けるうえでは、製品やサービスが顧客に継続的に届かないと始まらないし、他社よりも確実にスピーディに届けられるのであれば、価格設定以上に大きな競争力になります。

「鮮度が勝負」「サプライチェーンで勝つ！」などがキャッチフレーズとしてしばしば使われるのも当然のことです。その割には、納期管理が地味に扱われていることもよくある話です。

納期管理でカギとなるのは、決して早くつくって最速で届けることではなく、**納入する期日（納期）を確実に守る**ことです。そのための管理業務がSCMです。顧客との取り決めは当然必要ですが、発注先、倉庫、検査などのすべてが調和をとって適正に行動するようコントロールするのがSCMということです。

SCM担当者は、クリティカルパスを把握し、全体を俯瞰して目標を管理します。

SCMのリードタイム管理は、製造業における生産管理の手法が参考になります。製造業では注文予測が数か月前から作成され、進捗に従って月度予定を修正していきます。それによって必要な部品を発注するなどして準備をします。当月になったら、工場の生産管理表として週単位、日単位で実行計画が決定されます。

SC全体でこのような計画と実績を管理するのが、SCM担当者の業務です。納期が遅れるのは問題ですが、早くつくりすぎても在庫過剰、倉庫スペースのムダとなるので、発注先の状況、納期の契

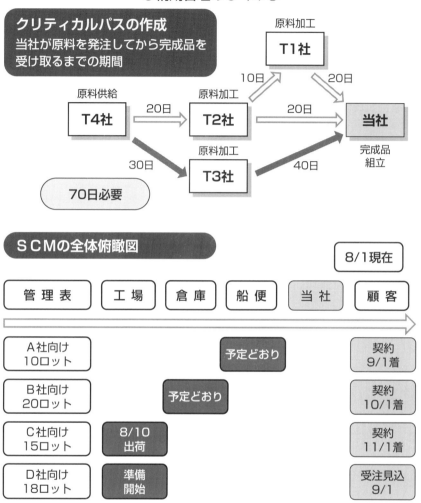

◎納期管理のしくみ◎

クリティカルパスの作成
当社が原料を発注してから完成品を
受け取るまでの期間

原料加工
T1社

原料供給
T4社 　20日→　原料加工 **T2社** 　20日→　**当社**

10日　　　20日

30日　　　原料加工 **T3社** 　40日→

完成品
組立

70日必要

ＳＣＭの全体俯瞰図

8/1現在

| 管理表 | 工場 | 倉庫 | 船便 | 当社 | 顧客 |

A社向け 10ロット				予定どおり	契約 9/1着
B社向け 20ロット		予定どおり			契約 10/1着
C社向け 15ロット	8/10 出荷				契約 11/1着
D社向け 18ロット	準備 開始				受注見込 9/1

約内容の確認、警告制度の採用など日々さまざまな手法を駆使して
納期どおりに製品を顧客に届けます。

　ＳＣＭ担当者にとって一番神経を使うところですが、管理するに
は数字を"見える化"します。特に、**予実管理**（予定と実績の管理）
を行なって、どこに在庫がたまっているのか、どこのリードタイム
が長いのかを実績から把握して継続的に改善していきます。

2-8 品質優位性を確保するには

「トレーサビリティ」が有効な方法

　品質優位性について、ＳＣＭでは２つの目的があります。流通形態で価値をつける場合と、自社製品やサービスにおける品質優位性をＳＣで維持する管理の２つです。

　たとえば、鮮度が他社との差別化の要因であれば、ＳＣ全体で流通を管理しないと品質優位性を保つことはできません。一方で、家電製品のようなものは、流通そのもので価値を落とさない工夫が重要です。振動や高温などにより製品そのものの価値が落とされるリスクがあります。つまり、付加価値をつけるＳＣＭとリスクを回避するＳＣＭの二面性があるということです。

　品質面で優位性を保つ手段として重要なのは、「**トレーサビリティ**」（traceability）対応です。トレーサビリティとは、物品の流通経路を生産段階から最終消費段階あるいは廃棄段階まで追跡が可能な状態をさしていて、日本語では**追跡可能性**とも表現されています。原材料からユーザーにより廃棄処分されるまで（上流から下流まで）追跡します。明らかに、ＳＣ全体で管理していかなければならない概念といえます。

　トレーサビリティにより、対象とする物品（とその部品や原材料）の流通履歴を確認できることになります。たとえば、日本製品は**ロット管理**をしていて、品質に問題が起きたときには、それがいつどこで発生したか、あるいは不良品はどこまで市場に流通しているかがわかるように**製品に管理番号**をつけています。これは、日本製品の品質優位性を高めるやり方でもあります。

　トレーサビリティがクローズアップされたのは、1990年代に起きたイギリスの狂牛病問題で、感染したと疑われる乳牛が400万頭殺

◎ＳＣＭ全体のトレーサビリティのしくみ◎

トレーサビリティにより取引先や消費者の信頼を獲得
- 製品の安全・安心に関する企業の積極的情報公開
- 事故の際の原因追及の迅速化、回収の限定化
- 取引先、消費者への情報提供を踏まえた信頼の獲得

食品原料 肉や野菜	食品 加工	流通経路	消費者

トレーサビリティ体系（情報システム登録） → 品質情報確認

生産履歴	加工履歴	流通履歴

トラッキング管理（行先は？） →

原材料番号管理	製品番号管理

← **トレイスバック管理（履歴追及）**

処分されましたが、トレーサビリティができていればここまでする必要はなかったといわれています。それ以降、現在においてもいまだに「食の安全性」から多くの問題が発生しています。しっかりしているといわれている日本製品（自動車や家電製品など）でも、トレーサビリティの不備が指摘されるケースもあります。

　この問題は、情報技術を使わないととても管理しきれないので、3章で改めて解説します。

2-9 コスト優位性を確保するには

コスト分析とコストダウンが必要

　コスト優位性を保つためには2つの観点があります。1つは、**現在のコストをどのように分析できるか**ということ、2つめはどうやって**コストカットを行なうのか**ということです。

　1つめのコスト分析を行なうには、管理表を作成しなくてはなりません。企業がお金を管理するのは、経営者が資金状況を把握するためとか、正しく税金を払うためとか、社外の人に会社の状況を示すためなどという目的を実現するためです。

　そこで、決算書や財務諸表という形で資金状況を定期的にまとめます。たしかに、これらの表を見れば分析はある程度できますが、SCの状況を把握するには、地域別、部門別、製品別、製造ライン別、組織別などによって、使用した材料費、光熱費、人件費、管理費用などを分類できるように"見える化"する必要があります。

　これは、一般的には「**管理会計**」といわれますが、厳格なルールがあるわけではないので、自分が理解できるようにまとめていきます。

　そして、現実が見えたら目標を設定することになります。これは、理論コスト（標準コスト）を設定して、現実との比較に使います。

　標準コストよりもお客様に提供したい価格から目標を設定するケースもあるでしょう。SCMの場合には、関連する会社や部門が多くなると、意見を一致させるのに苦労することもあります。いずれにしろ、一致した目標が決まれば、コストダウンの活動を開始できます。

　次に、2つめの「コストダウン」というテーマです。コストダウンに取り組んだことのない企業などないはずです。コスト分析して目標を定めれば、コストダウンするための具体策の議論ができます。

◎ＳＣＭ全体のコストダウンは「ＡＢＣ分析」から◎

製品に関するコスト情報の取得・整理はＡＢＣ分析から始まる！ ➡ ＡＢＣ分析はどのような項目（生産金額、利益、生産量、工数など）に着目してもよい

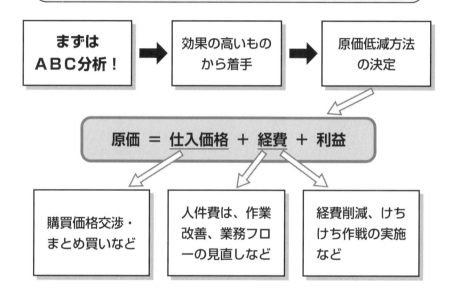

特に日本の製造業では、過去にさまざまな手段でコストダウンに取り組んできました。なかには、コストダウン疲れしている企業があるかもしれません。実際、どんなに技を尽くしてコストダウンしても、圧倒的な海外人件費の安さと円高の波に対抗するのが難しくて、多くの企業が淘汰されてしまいました。

日本の製造業の会社は、ピーク時の３分の１以下の数になったといわれています。それでも生き残っている会社は、「価値に見合ったコスト」で提供しているから生き残ったといえます。

何の魅力もない会社がただ生き残っているということは、いまの時代ではあり得ません。企業には、「価値に見合ったコスト」で製品や商品を提供できているかどうかが問われているわけです。

2-10 経営戦略はどのように考えたらよいか

■ 競争に勝つために必要なのはやはり「人材育成」

　2章では、ＳＣにおける競争優位性を中心に解説してきました。企業競争で戦い続けるためには、戦う場を定めて経営資源を整え、有効な組織化をすることが重要であると説明したつもりです。

　ＳＣにおいても、しっかりと戦う基盤をつくって顧客に向き合えば、必ず勝つことができます。本章で取り上げた「品質（Quality）」「コスト（Cost）」「納期（Delivery）」（＝いわゆる「ＱＣＤ」）を適切にコントロールすれば負けることはありません。

　ただし、そのバックボーンとなるものは必要です。それは、「**組織活性化**」「**リーダーシップ**」「**マーケティング**」「**経営戦略**」の４つです。本書はＳＣＭがテーマなので、これらの本質的な部分を使って、何がＳＣＭの役に立つのかについては後の章で解説します。

　企業競争で一時的に勝利する方法は本章で述べてきたとおりですが、継続して勝ち続けるには大事なポイントがあります。そこで、３〜５章では情報管理、流通管理、事例に学ぶＳＣＭということで、ＳＣＭの基本的な内容を解説し、６章と７章で企業の継続性を確保する方法（具体的には、リスク管理と社会的責任）を解説します。

　ＳＣＭ担当者は、このように広い分野の知識を体得しなくてはなりません。もちろん、これらは到底１人の力では達成できないので、上司や同僚と協力をしながら業務をこなしていくことになります。そのために重要なのは、組織的な「**人材育成**」です。

　最近は、人手不足を嘆き、いい人材確保ができないという企業が多くあります。たしかにどの統計データを見ても、人手不足が深刻になることはあっても解消に向かうことはないと考えられます。私もよく人材確保の相談を受けますが、いまの時代は企業が組織力を

◎経営の基本と人材育成◎

人材育成が大事なのはわかっているけれども、ＳＣＭに関わる人材で必要な学習とは何か？　それは以下のとおり。

組織活性化

- 組織とは？
- 組織を活かし、組織で行動する方法とは？
- 運営方法は？
- 人材の活性化とは？

リーダーシップ

- リーダーとは？
- 組織を活かすリーダー像は？
- リーダーシップに必要な資質とは？

マーケティング

- マーケティングとは？
- マーケティングとは、お客様とのコミュニケーション！

経営戦略

- 経営戦略とは何か？
- 戦略的思考や経営戦略の構築方法はどうやって獲得できるのか？

上げて戦略的に行動し、組織が活性化されて人々が生き生きと働く姿を周囲に見せて共感を得るしか方法はない、とアドバイスします。

　したがって、一番の対策としては、腹をくくって自社の人材育成に投資するしかないと考えます。日本企業は、伝統的に人材育成をおろそかにはしていないので、ノウハウは持っているはずですが、それをマニュアル化したり、専門家の育成も伴って組織的に持続化させていない企業もあるようです。

　ＳＣＭには、たくさんの課題解決が必要になるので、まずはＳＣＭを支える人材育成計画づくりから始めることをおススメします。

2-11 マーケティング優位性を確保するには

 経営にマーケティングの理解は欠かせない

　前項で紹介した４つのバックボーンは、ＳＣＭの目的を達成するための基盤である、と説明しましたが、「マーケティング」の要素だけはＳＣの維持拡大に特に重要な位置を占めています。

　一般的に、経営にはマーケティングが重要であるといわれており、経営者が最も勉強したいテーマでもありますが、あるアンケートで「中小企業の経営者がマーケティングを理解できない点はどの部分か？」という設問に対する回答は次のようなものでした。

①効果が理解できない

②市場の声については自分の経験が理論より優っている

③そもそも顧客の声などわかるわけがない

④「経営戦略」と何が違うのか、境がわからない

⑤「販売」とは何が違うのか、境がわからない

　①については、マーケティングの目的があいまいで、その効果を指標化できないことが原因と推察します。④、⑤については、専門書などにより明確な境目を理解していただくしかありません。

　問題は、②と③です。というのは、市場の声を明らかにするのがマーケティングそのものだからです。

　たしかに顧客の声を理解するのは非常に難しいことです。しかし、顧客の声を聞かずにビジネスを継続するのは不可能です。企業の製品開発は、大きく「プロダクトアウト」と「マーケットイン」に分ける方法がありますが、どちらの手法をとるにせよ、マーケティングを行なわずに売れることはありません。どんなにいい製品をつくっても売れるわけではないし、明確な差別化がなくても高いシェアを保つ商品はたくさんあります。

◎マーケティングを支える基盤とは◎

消費者を理解することは最大の関心事であり、最大の難問

消費者の購買決定プロセス

| 注意を
ひく | 興味を
もつ | ほしいと
思う | 記憶
する | 行動
する |

マーケティングは、どうしたら自社製品・サービスに対して、上記5つの行動をとってもらえるのかを実行するのが目的

STPは顧客の狙いを明確にする重要な要素

STPとは、「Segmentation」（市場細分化）、「Targeting」（ターゲット設定）、「Positioning」（ポジショニング設定）の頭文字をとったもの。STPは、マーケティング戦略の基本要素として意思決定をする際のポイント。そして、「4つのP」（製品：Product、価格：Price、流通：Place、プロモーション：Promotion）に分解して、最適なマーケティング戦略を練っていく。

　たとえば、コカ・コーラを思い浮かべてみれば理解できます。過去何十年にわたり幾多のライバルが現われて、しかも味に大きな差がなかったにも関わらず、コカ・コーラはいまもトップの地位を占めています。マーケティング活動を何もしていなければ、いまの地位を保つことなど到底できません。

　常に顧客と向き合って、上図のような仕掛けを行なっているということでしょうし、SCMも大きな役割を果たしています。飲み物を全世界に遅滞なく運ぶだけでもすごいことですし、それができるからこそマーケティング戦略も生きてくるということです。

ムダな業務はどのように見つける？

　小売店におけるムダな業務の発見は、ＳＣで発生するムダな業務の削除と相通じるところがあります。小売店として儲けが出ないということは、販売収入に見合う経費になっていないということですが、ＳＣＭでも同じことです。

　ＳＣ全体の赤字の原因を知るためには、決算書などから経費を分析して、どこに問題があるのかを見つけなければなりません（課題発掘、問題解決）。

　過剰な経費の問題は、簡単に分析することはできません。使いすぎていることはわかっても、その原因を見つけるためにはまったく別の見方が必要です。

　たとえば、人件費を削減したいということになると、作業分析しますが、作業時間は「Ａ作業（○分）＋Ｂ作業（○分）＋Ｃ作業（○分）＋……」の合計です。この場合、ＡもＢもＣも必要な作業であれば、それぞれの作業からムダな時間を見つけることになり、移動時間や休憩、交代時間なども含めた見直しが必要です。

　小さいお店だと、このようなチェックをしている時間もないし担当者もいません。「価値を生む業務」と「価値を生まない業務」に分けるとよい、とよく言われますが、そんなにムダな業務をしているわけはないはずなので、ムダな作業というのはそう簡単には判断がつかない場合が多いのです。

　そこで通常は、「従業員の皆さんが自分で業務のムダを見つけましょう」という活動が先になると思います。１人で見つけてもらってもいいし、グループで協議してもらってもいいのです。作業員の力を活用するのが最善の方法です。うまくいったら何かの見返りをあげるようにしましょう！

　小さな工夫で大きな成果を上げる可能性があるのはグループ活動です。それが行き詰まったら、本書で提案している専門家を活用して時間計測・作業計測・動線確認・棚割りの見直しなど、科学的手法により壁を突破することになります。こうした計測にＩｏＴ技術を組み合わせて作業マニュアルを再構築したなど、ＩＴの活用事例も数多く報告されています。

3章

情報力がつくる
SCMの基盤

Supply Chain
Management

3-1 SCMは情報システム？

 ## SCMと情報システムの関連性は重要

　SCM（サプライチェーン・マネジメント）とは前述したように、主に製造業や流通業において、生産・在庫・購買・販売・物流など商品供給の流れを「供給の鎖」ととらえ、関連の企業間で情報を共有・管理することで、ビジネスプロセスの全体最適をめざす戦略的な手法です。

　複数の企業や組織にまたがる、調達から販売までの業務プロセスすべての情報を統合的に管理することによって、それぞれの会社はコスト低減や納期短縮などを実現していきます。SCMとは、そのための「情報システム」であるというとらえ方をすることがあります。実際、SCを監視・制御するためには情報システムは必須ですし、1章、2章でも情報システムとの関連の重要性を説明してきました。

　では、SCMは具体的にどのような情報システムであるのか？あるべきか？　という説明が必要になります。

　SCMという概念は、コンピュータシステムの利用による単一企業を超えた情報管理により成り立っています。それは、社内のイントラネットと社外がネットワークでつながるということになるので、分解すると、①社内システムは情報化できているか、②社外との接続には何が必要か、③全体をどうやって管理するのか、という3つの課題に対応できるシステムであるということです。

 ## SCMの情報システムに求められること

　上記3つの課題から明らかなように、SC傘下の企業はそれぞれ情報発信することが求められています。そして、自社以外に発信す

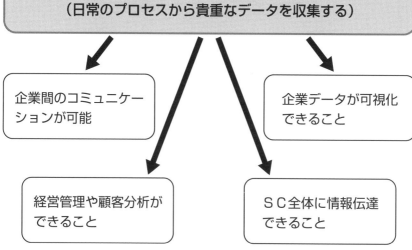

◎ＳＣＭは情報システムによって成り立つ◎

ＳＣＭ用の情報システムとして備えておきたい条件
（日常のプロセスから貴重なデータを収集する）

企業間のコミュニケーションが可能

企業データが可視化できること

経営管理や顧客分析ができること

ＳＣ全体に情報伝達できること

るだけでなく、他のシステムとコミュニケーションが可能である必要があります。

　そこで、ＳＣＭの情報システムに求められるものをまとめてみると、次のようになります。

①企業間コミュニケーションが可能
②企業データが可視化できること
③経営状態や顧客満足分析などの経営管理ができること
④ＳＣ傘下の担当者に情報が伝達できること

　こうしたコンピュータシステムは、一から作成すると時間がかかり費用もかかります。そのため、業務用パッケージ（アプリケーション）ソフトとクラウドシステムをベースに考えることが最近のトレンドです。導入コストや時間を考えれば当然の流れといえます。

3-2 SCMと統合情報システムERP

ERPとは何か

　SCMを成立させるためには、企業の基幹システムが必要です。その代表的なものが「ERP」(= Enterprise Resources Planning)です。企業経営の基本となる資源要素（人・もの・金・情報）を適切に分配し、有効活用するためのパッケージソフトです。

　ERPは、企業内の基幹業務を統合化して働くソフトウエアのため、「**基幹情報システム**」といわれることもあり、企業の情報戦略に欠かせない位置を占めています。企業情報を獲得するには、このような企業の基幹システムから始まります。

　ERPパッケージを販売するソフトウエア会社であるSAPやORACLEなどの大手企業向けのシステムが有名ですが、中小企業向けのERPもたくさん発売されています。すべての会社がERPを導入しているわけではありませんが、SCMにはERPのソフトウエアと強い関連性があります。

ERPの変遷とERPパッケージ

　もともとERPは、**MRP**(Material Requirements Planning：**資材所要量計画**)という生産計画を立てていくための管理ソフトから発展してきました。そして、MRP-IIが在庫だけでなく、会計や人事などのバックオフィス機能まで含めて工場を管理するパッケージソフトとして進化しました。

　これは、データを一元化してさまざまな業務を統合することや、業務にソフトを合わせるのではなく、コア業務以外はパッケージソフトに業務を合わせるコンセプトで販売され、多くの企業に受け入れられました。

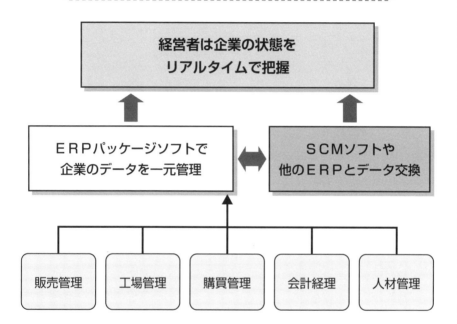

◎ＥＲＰパッケージソフトの特徴◎

- 企業のデータを一元管理できる
- 集めたデータをリアルタイムで提供できる
- 企業業務をベストな形で提供できる
- 導入コストが安価で、短期間で導入可能

経営者は企業の状態を
リアルタイムで把握

ＥＲＰパッケージソフトで
企業のデータを一元管理

ＳＣＭソフトや
他のＥＲＰとデータ交換

| 販売管理 | 工場管理 | 購買管理 | 会計経理 | 人材管理 |

　工場を管理できるソフトがあるならば、会社全体を管理するソフトウエアもできるとして進化したのが「**ＥＲＰパッケージ**」です。すると、ＳＣ全体を管理できるソフトもできるだろうということで、ＳＣＭ管理ソフトが販売されていますが、SAPやORACLEといったＥＲＰのトップ企業がＳＣＭ対応のパッケージでもトップクラスであるのは、その由来からきています。

　こうしてＳＣＭ管理パッケージは、これからも市場を広げていくでしょうが、ＥＲＰを知ることがＳＣＭの理解に役立つのはこういった経緯から読み取れます。

3-3 顧客満足度とSCM

SCM情報システムに期待されていることは何か

　SC管理には情報システムを使わなければなりませんが、その理由を再確認しましょう。もちろん、ここでいう情報システムは、SC全体を管理して最適化を果たすためのシステムですが、もう少し掘り下げると、次の役割を果たさなければなりません。

> ①意思決定ができるのか？
> ②顧客満足度を高めることができるのか？
> ③情報の共有化ができるのか？
> ④リアルタイムで情報が把握できるのか？

　上記の役割は、情報システムの構築では当然のことですが、これらのことを実現するためには、数値化・データ化しなければならないので、情報システムの構築時には、具体的に何をすればいいのかを決めて、システム要件に含んでおかなければなりません。

　注意しなければならないのは、上記②の「顧客満足度」です。①・③・④は業務遂行上、必要なので具体的な要件は比較的容易に決められますが、②を決めるのは大変です。というのは、その必要性はよく理解できるものの、ふだんから自社にとっての「**顧客満足度とは何か**」という定義を明確にして、顧客満足度向上に向けた施策に取り組んでいる企業は意外と少ないからです。しかし、顧客満足度はベンダーに頼んで提案してもらうものではありません。自社で考えなければならないのです。

　顧客を満足させるには、「顧客の期待値を満たしたり超えたりすること」と考えるでしょうが、では、SCM情報システムとどのよ

【顧客満足度の向上に必要なことは？】
顧客満足度を高めるためにSCM情報システムが備えなければならないことは、「企業のデータを一元管理して必要なデータを顧客に即座に提供できる」ことである。

満足度が高いとは、一般的に次の3点をいう。したがって、これらに関するデータを持っておくことが必要。

①顧客が事前に持っている（予想している）印象や期待が高評価である

②実際に経験したときに感じる品質・価格・納期に対して好評価である

③実際に経験したときに、コストに納得感（お得感）がある

サプライチェーンでいう「期待すること」とは？
⇒ **正確な納期確認がすぐできること**

うな関係になるのか、という点がSCM担当者の課題になります。
　顧客がSCに期待しているであろうと思われる事例をあげると、「注文した荷物がいつ来るのか知りたい。予定どおりに進んでいるのか？」という点です。すなわち、「やるべきことをきっちりやっているのか？」ということを知りたいのが、顧客満足度を測る原点であるといえます。

3-4 情報システムはどのように構築するか

まず「提案依頼書」を作成する

　SCMの情報システムに期待する点がまとまったら、新しいシステムを導入する必要があります。SCM担当者は、情報システムのプロである必要はありませんが、導入に際してはシステム導入のステップを理解しておくことが必要です。

　情報システムは一般的に、目に見えないものを相手にするので、できる限り目に見える形に直してベンダーに見積もってもらわなければなりません。

　そこで、RFP（**提案依頼書**）を作成して複数のベンダーに示し、導入システムの内容や見積金額を提案してもらいます。そして、その内容を比較検討して、最も要求に見合うベンダーを選定するわけです。

　見積もりを依頼するベンダーについては、まずは技術力や実績を評価してから選定しますが、その際に注意すべきは次の2点です。

①**ベンダーの選び方**…ベンダーの規模や技術力、システム構築の具体的な実績を検証する。
②**システムの選び方**…「業者の選定→提案依頼書の作成→見積りの引合い→見積りの比較→最終交渉」の順に行なう。

　提出された見積書を評価するときは、事前に評価方法を確認しておき、必要であれば見積書の内容をプレゼンしてもらって、自社とのコミュニケーションができているかどうかを確認することがよく行なわれています。

　規模の大きなシステムを構築するときには、大変な労力がかかる

◎提案依頼書とは◎

- ●SCM情報システムが備えなければならない機能を発注先候補（ベンダー）に示す書類で、「RFP」（Request for Proposal）と略称。
- ●情報システムの導入を行なうにあたり、ベンダーに具体的な提案を依頼する文書で、システムの目的や概要、要件、制約条件などを記述。

RFPの内容は、次の5つに大別できる。

①**システム構築の背景・理由**

②**実現してほしい要求事項**

③**納期や予算などの条件提示**

④**提案の評価に必要な内容（実施体制や実績など）**

⑤**特記事項（プレゼン時期や質問回答手段など）**

最も重要な②は、できるだけ詳細に書ければいいが、専門家の力を借りて作成するのが望ましい。

うえに、交渉時には専門用語が使われるので専門家の助けも借りなければなりません。実施したい業務の内容は、「**要件定義書**」という形にして、できる限り双方が理解しやすい形式で書類化することが必要です。

　なお、要件定義書は通常、ベンダー側が作成します。それを発注側の関係者で確認します。大規模であろうが小規模であろうが、このような進め方の基本は変わりません。

3章

情報力がつくるSCMの基盤

3-5 IoT、AI、RPAの活用

SCMに活用できる最新テクノロジー

　最新テクノロジーである「IoT」「AI」「RPA」の活用とSCMにおける意義について触れておきたいと思います。

　IoT（Internet of Things）は、さまざまな「もの（物）」がインターネットに接続され、活用できる情報発信ができることをいいます。実際には、IoTで獲得したデータを集めて情報化し、その情報を評価して活用することが大事なのですが、最近ではこのように集めて評価して活用するところまですべて含めて「IoT」と呼ぶことが多くなりました。

　SCMでは、SCのすべての情報を管理するわけですから、IoTに期待するところが大きいのは3－4項からも明らかです。

　AI（Artificial Intelligence）は「人工知能」と訳されていますが、実は統一的な定義はまだありません。現在は、AIの第三次ブームと呼ばれていますが、機械学習や深層学習の実用化が進んだのがそのブームの要因です。

　AIを応用した技術や製品・サービスはまだ進化していきます。SCMでも、大量データのなかから必要なものと不要なものを切り分けること、分類すること、加工することなどに使われます。これからもますます応用されていくはずです。

　最も注目されるのは「需要予測」でしょう。需要予測がしっかりできたら、世の中からどれだけ多くのムダがなくなるか、多くの人が感じており、人気の高い機能です。

　RPA（Robotic Process Automation）は、ホワイトカラーのデスクワーク（主に定型作業）を、ルールエンジンやAIなどの技術を備えたソフトウエアのロボットが、代行・自動化するソフトウエ

◎IoTのサイクルとは◎

> IoT社会は、従来と比べものにならない大量のデータを取得することから始まり、そのデータを分析・活用することができる。

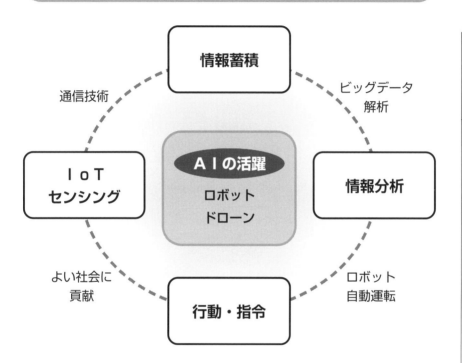

アをいいます。日本では2016年ごろから使われ始めた言葉ですが、似たような概念は昔からあるといわれています。業務用のソフトウエアはたくさんありますが、そのなかにデータを打ち込む作業もコンピュータにやらせようというのがRPAのコンセプトです。

　この性格上、SCMにおいても大いに活用できます。たとえば、SC傘下の会社が作成したデータを自社に取り込むときは、専用ソフトウエアをつくるよりも、RPAに任せて定期的に取り込むほうがはるかに簡単です。RPAの応用例は今後もまだ増え続けていくでしょう。

SCMではどのように
データを活用するのか

なぜ・何を・何に活用するのか整理を

　3-3項でデータ化の重要性について説明しましたが、SCMにおいて企業が獲得したデータを活用することは当然です。ただし、「なぜ・何を・何に」活用するのかということを整理しておかなければなりません。これは、情報システムの肝心なポイントです。

　1つの企業が単独でSCMシステムを構築することはできません。組織や企業の枠を超えた情報連携（e-コマースなどの商取引情報が代表例）を前提としたSCMシステムは当たり前で、さらに進んで調達・製造・物流・販売・サービスといった業務を横断した多様なSCMシステムが導入されています。

　これらのシステムによって、SCMに関連した業務の効率化が進み、各社ともに一定の成果を手にしています。

　しかし、ストレージの大容量化・低価格化・クラウド化によって、多くの企業で膨大なデータが蓄積されているにもかかわらず、そのほとんどは単なるバックログであり、さらなる業務の効率化や売上の拡大に向けた分析・活用にまでは至っていません。

　「どんな情報を得られれば、改善効果が上がるのか」ということについては、これからも知恵の勝負ということになります。

　SCM担当者が知りたい情報はいろいろありますから、膨大なデータを目的達成のために整理しなくてはなりません。そこで、情報活用の事例をいくつか右ページに示しますので、自社の改善のヒントにしていただければと思います。

　財務改善、設備改善、残業時間の削減など、企業で改善しなくてはならない問題は山ほどあるので、活用事例を参考に優先順位をつけて着手していったらよいでしょう。

◎ＳＣＭにおけるデータ活用の事例◎

テーマ	データ	活用・分析	具体的な効果
大手運送会社の配送車データ（ＧＰＳ）	ドライバーの運転状況、位置、配送ルート情報	●最適なルートを導き出す ●顧客に対して荷物が届く時間を事前に通知	年間数億円のコスト削減
自社および他社の混雑予測	ニュース等から混雑度合いの入力含む過去のデータ	●最適な入場者の予測 ●売上予想	需要予測の実施と、仕入・発注の最適化
工場設備の稼働データの収集	すべての設備の稼働状況	設備の隙間時間（非稼働時間）を見える化	生産量を従来の２倍に拡大
農機メーカーによる機械の稼働分析	農機の稼働データを収集・分析	●最適なメンテナンス情報の提供 ●点検期間の提案	顧客の囲い込みを実現
カメラの活用、来店客の行動分析	顧客の動線データを作成	入店率・顧客属性・購買率などの収集・分析	商品の棚割、接客方法の改善、販売員シフトの適正化、販売効率アップ
入店顧客データの活用	顧客行動データの収集・活用	買い物やアトラクションの利用、滞在時間などの情報収集・分析	混雑の解消、利便性向上の施策立案

ＢＩツールを活用しよう

「ＢＩツール」とは何か

　ＳＣＭソフトでできることを前項の事例として紹介しましたが、最近注目されているのが「ＢＩツール」です。

　ＢＩツールとは、「ビジネスインテリジェンス・ツール」のことで、企業に蓄積された大量のデータを集めて分析し、迅速な意思決定を助けるためのツールです。データの見える化ツールで、経営管理や売上のシミュレーションなどに活用でき、近年、このＢＩツールを利用する企業が増加しています。

　これは、ＳＣＭ担当者にも大変に有効なツールで、ＳＣつまり「生産から最終需要（消費）にいたる商品供給の流れ」全体の動きを見ながら、経営判断の迅速化を図る**意思決定支援システム**です。概念はそれほど新しいものではなく、要はデータを集めて**飛行機のコックピット**のように配置して経営に関する情報を見える化します。

　膨大なデータを収集できるようになったこと、分析能力が高くなったことで格段に使いやすく構築しやすくなったため利用が増えてきました。

　たとえば、サービス業では顧客ニーズの分析に活用し、第一次産業では生産者の状況判断に、そしてデータを集めて自社の改善や新しい提案を目的として使用されています。

　実は、「情報を集めてもＢＩツールの活用が難しい」という場合もある一方で、従来のExcelや手書きによる帳票作成をやめて、ＢＩツールで表示することだけで時間の短縮、コストの削減を実現した事例があります。

　情報というのは、Excelに入力することではなく、画面で共有することですから、時間短縮になるのは当然です。ＢＩツールでペー

◎意思決定サポートツールの概要◎

ＢＩツール ⇨ ビジネスインテリジェンス空間
ダッシュボードの可視化

情報分析・推論ツール
データマイニング、推論エンジン
統計解析、ＡＩ、シミュレーション

自社内関連データ	自社外関連データ
営業、経理、財務 総務、購買 技術、工場管理	経営状況 販売、財務 生産・流通管理

パーレス化も進むため、業務効率の向上、事務コストの削減などが実現できたケースもあります。

　グループ会社でＢＩツールを導入すると、グローバルレベルでのデータの分析が迅速かつ精度が向上します。企業全体で活用してスピーディーな情報分析をすることで、業績を上げることもできるはずです。これこそＳＣＭでいちばん必要なものです。

3-8 SCMにおける 意思決定システムの活用

 経営の最終判断まで行なう2つの方法

　データの価値を高める意思決定のための分析アプローチについては、前項のＢＩツールも活用可能ですが、内容的に一歩進めた考え方を紹介しましょう。

　ＢＩツールは、意思決定サポートとしてデータをそのまま流すのではなく、統計処理やデータ解析・データ分析をした結果を表示します。それにより、経営者やＳＣＭ担当者の判断を支援しているわけです。しかし、もう一歩進んで最終判断までしてしまい、次の行動も起こしてしまうことはできないのでしょうか。

　実際のところ、たとえばＡＩの将棋や囲碁ソフトなどはさまざまな対戦例を記憶し、学習させた結果、プロに勝利することができました。この事例からみれば、ありとあらゆるデータを記憶させて、多数のパターンを読み込ませ、学習事例を積み重ねていけば、経営判断を任せてもいい、といえるレベルになる可能性があります。

　そのためには2つの方法があったのですが、それぞれに技術開発がされて実用化の時代に入っています。

　1つめの方法は「仮説検証分析」によるアプローチで、どこに課題があるのかとか何が問題なのかを、データを調べながら自動的に仮説立案して、その仮説に沿ってデータを深く分析する方法です。それにより最も確からしい原因と対策を提案します。

　2つめの方法は、仮説自体が見当たらないときに、ＡＩにデータ分析を委ねて学習パターンをつくらせてみるやり方です。何千回、何万回かけてパターンを見出すまでに、シミュレーションをさせます。

　1つめの方法は機械学習に近く、2つめの方法はディープラーニ

◎意思決定をするシステムのしくみ◎

問題解決のために提案をするシステムは、「ここに問題がある？」
「こういうやり方は？」などと示唆するだけでも実用価値がある。

入力 → **AI活用 意思決定用 推論推進エンジン** → **正解を示唆**

多数の学習データを記憶し、多数のパターンとそ
こからどんな結論が出たかを学習。

ングに近い考え方ですが、実際には将棋や囲碁ソフトもこのような
プロセスを経て進化を遂げてきています。したがって今後、まだ多
くの応用事例が出てくるはずです。

　たとえば、医療用の診断ソフトにはすでにそのような機能が備わ
っています。簡単な事例では、レントゲン写真において、がんの疑
いがあるとか病巣が見えるように、医師に示してくれるソフトウエ
アがあります。このような情報は、一歩間違えれば誤診につながる
可能性もあり、慎重な活用が求められますが、むしろうっかりした
見逃しを防ぐという利点のほうが評価されています。

　なお、ＢＩツールにおいても、警告や緊急通報機能が備えられて
おり、意思決定をサポートする機能の進化は続いています。

3章

情報力がつくるSCMの基盤

63

3-9 情報における 競争優位性の確保

情報力の強い会社を参考にしよう

　ＳＣＭは情報が命ですから、**情報の質や量がビジネスの強さに比例**します。問題は、**質や量をどのように競争優位性につなげるのか**という戦略的思考が必要になるということです。

　情報力を駆使して大きな成功をおさめた企業については、メディア等でよく紹介されるので、事例として参考になると思います。

　有名な海外企業では、ＧＡＦＡと呼ばれる「Google」「Amazon」「Facebook」「Apple」の４社で、日本企業でよく引用されるのは「KOMTRAX（コマツ製管理システム）」です。

　これらの企業は、ＩｏＴなどが提唱される前から情報力で競争優位性を磨いてきましたが、２章でも紹介したＶＲＩＯ分析にもしっかりとあてはまる事例です。したがって、ＳＣＭ情報システムにおいて市場をしっかりと見据えて競争力を構築すれば、自社の基盤が強固になるのは確実です。

　特に、ＳＣＭ事例に最も関連性があるのはAmazonです。Amazonは、誰でもご存じのように現在はネット販売のトップ企業です。書籍のネット販売から始めて、世界一巨大な本屋さんになり、現在のような発展をとげたのは有名な話です。

　さらにいえば、いまはネット販売だけでなくＩＴ事業（AWS）の利益が本業と同じくらいに伸びた情報系の会社でもあります。書籍の販売のために多くの情報化投資をして、いつのまにか強大なデータセンターを複数持つ、模倣困難性の高いビジネスモデルを築いています。アメリカの国家機関でさえAmazonにデータを預けたほうが安心だというくらいです。いまからＳＣＭでシステムを構築するのであれば、Amazonを利用するほうが安心かもしれません。

◎情報力を磨くこととは◎

ドラッカーを始め多くの人がいう情報力とは

情報を活かすとは、どんな情報があるかを知ることではなく、情報にどう向き合えるか、そこから何を読み取れるか、ということで、情報を入手する力ではなく、情報を解釈して利用する力を意味する。つまり、「**情報は使われて初めて意味を持つ**」。

自社の改革に使ったある飲食店の事例

システムを導入して、原価率のデータや売上情報をリアルタイムでいつでも確認できるようにした。すると、データを1つの画面にワンタッチで引き出せるようにしただけのことで、次にどのような手を打ったらよいかという販促施策を決められるようになった。その結果もすぐに出てくるので、このアクション自体が楽しみになった。

この項で述べたいことは2つあり、情報インフラの構築についてはAmazonを活用するか否かが1つのカギになるということと、Amazonも最初から現在の姿を予測していたわけではなく、途中から自分たちの持つ資産価値を見直して再構築をし、現在の姿になっているということです。

コマツも同様で、システムを構築して情報を獲得できるようになると、その情報に違った価値があることに気がつき、新事業・新サービスを産み出しています。情報システムによる競争優位性は、自社の持つ情報資産の質や量の価値を活かすことで獲得できるということです。

3章

情報力がつくるSCMの基盤

65

3-10 SCMと情報セキュリティの確保

 SCM担当者は専門外だからと逃げられない

　情報セキュリティの確保については、6章でも説明しますが、基本的な問題意識としてここで触れておきます。

　情報システムに関するトラブルは、どこでどんなことがあろうと、どんなにSCの末端で発生しようと、SCMの障害となります。情報網でつながっている以上は、自社に問題があろうと他社に問題があろうと、トラブルが起きればSCM傘下の企業が受けるダメージの大きさはすぐには予測がつかないほどです。

　いまやほぼすべての企業で、情報セキュリティの確保に多くの時間を割いているはずですが、常に新手の事象が発生してトラブルが少なくなったという話は聞きません。これからもSCM担当者を悩ませるセキュリティ問題は起きるでしょう。

　とはいっても、セキュリティ対策はふつうは情報部門の責任であり、システムの専門家ではないSCM担当者に何ができるのかは、非常に悩ましい問題です。

　ただし、SCM担当者が何もしないのは、賢明なことではありません。一番重要なことは、まずどんな不具合が起こっているのか**事実を知る**ことです。

　通常は、情報部門の人から教えてもらうわけですが、専門的な情報部門の人が自社にいないならば、自分で勉強するしかありません。会社にお願いして1年に1回でもいいので、セミナー等に参加するべきです。公的機関にも私企業にも専門家がいるので、セミナー等に参加することによって、自社に合った学習機会を提供してくれるはずです。

　近年、企業のSC（供給網）がサイバー対策の課題として注目さ

◎主要な情報セキュリティ対策◎

7つのルール	補足
①情報持ち出しルールの徹底	ウイルス感染したパソコンや外部媒体等を社内のネットワークに入れない。
②社内ネットワークへの社内外の機器接続ルールの徹底	
③修正プログラムの適用	アプリは最新のバージョンに更新、維持する。
④セキュリティソフトの導入および定義ファイルの最新化	セキュリティソフトの定義ファイル（パターンファイル）は常に最新の状態に。
⑤定期的なバックアップの実施	データ破壊に備えて必ず定期的にバックアップを実行する。
⑥パスワードの適切な設定と管理	パスワードは厳重に管理すること。
⑦不要なサービスやアカウントの停止または削除	特に不要なサービスは放っておかないこと。

れています。情報処理推進機構の「情報セキュリティ10大脅威」の2019年版では、「SCの弱点を悪用した攻撃の高まり」が初めて4位にランク入りしました。一般に、大企業よりも防御が手薄な中小の取引先や業務委託先などが狙われ、そこからSC傘下企業の機密情報が漏えいするリスクがあります。SCM担当者は、情報セキュリティ問題だけは「専門外ですから」と言って逃げることはできません。

　なお、情報処理推進機構は「情報セキュリティに関する注意喚起」を随時行なっている独立行政法人です（ＩＰＡ：Information-technology Promotion Agency, Japan）。

KPIとは何か

　「KPI」とは「Key Performance Indicator」の略称で、日本語では「**重要業績評価指標**」といわれます。経営にはさまざまな種類の業績評価指標が使われますが、KPIはそのなかでも「キー（重要な）」となる指標で、目標の達成に向けてプロセスが適切に実行されているかどうかを計測する役割があります。

　企業は、必ず経営目標を設定します。それを「**KGI**」（Key Goal Indicator）として指標化しますが、そのゴールを達成するためにいろいろな要素の指標を設定してゴールをめざします。KPIを意識していようがいまいが、このような指標を使って経営しているわけですが、KPIを設定する意味は、KGIの目的のもと、複数の指標を関連づけて達成に向かっていくということです。

　たとえば、営業は「新規顧客獲得数」や「新規受注獲得数」、管理部門などは「顧客満足度」や「従業員満足度」などを設定します。

　KPIは指標ですから、計量性が必要です。カウントできないものは指標にはなりません。

　「新規顧客獲得数」はカウントできますが、「従業員満足度」は定義を決めないとカウントできませんから、現実的な複数の指標を使って表現しなければなりません。SCMの成果を表わすときも同様です。何をもってSCMの成果とするのかについて企業内で決めておかないとなりませんが、参考までに代表的なものを右ページ下表にあげておきます。

　ポイントは、①**経営の効率を示すこと**（管理会計、在庫に関する指標が代表的なもの）、②**顧客満足の視点**（納期遅延数、品質クレーム数など）、③**日常業務の効率を示すこと**（リードタイム、作業

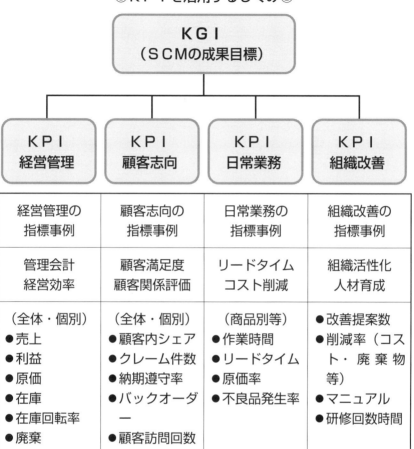

◎KPIを活用するしくみ◎

KGI（SCMの成果目標）			
KPI 経営管理	**KPI** 顧客志向	**KPI** 日常業務	**KPI** 組織改善
経営管理の 指標事例	顧客志向の 指標事例	日常業務の 指標事例	組織改善の 指標事例
管理会計 経営効率	顧客満足度 顧客関係評価	リードタイム コスト削減	組織活性化 人材育成
（全体・個別） ●売上 ●利益 ●原価 ●在庫 ●在庫回転率 ●廃棄	（全体・個別） ●顧客内シェア ●クレーム件数 ●納期遵守率 ●バックオーダー ●顧客訪問回数	（商品別等） ●作業時間 ●リードタイム ●原価率 ●不良品発生率	●改善提案数 ●削減率（コスト・廃棄物等） ●マニュアル ●研修回数時間

時間など）、④**組織・現場の改善度合いを示すこと**（作成したマニュアル、クレーム対応など）の4つです。

　このような指標を作成するためには、業務フローを明確にして整理しておかないとデータそのものが収集できません。代表的な指標についてBIツールなどを使ってリアルタイムで表示できれば、スピード経営の基礎になるはずです。

　もっとも、リアルタイムといっても、月単位、週単位、日単位といった形で分けておかないと効果的な使い方はできません。

標準化に参加する方法

持続可能な社会を実現ためには、従来型の「つくって消費者に届けるだけ」のサプライチェーンから、消費者に届けたものを回収し、再利用、再製造、リサイクルする「リバース・サプライチェーン」も統合した、「循環型サプライチェーン」への関心が高まっています。

持続可能なサプライチェーンは、環境性、社会性のほかに、経済性も満足させる必要があります。地球環境に優しく、労働環境が健全なだけではなく、利益を上げなければならないということです。

これらの施策を検討したら、取り得る戦略や戦術を提案し、解析あるいはシミュレーションによってその効果を評価します。

こうしたサプライチェーンに対して、情報技術がどのように関わり、どのような標準化の方向があるかなどを研究して、最後には標準形を作成するという動きをしているのが「ＩＥＥＥ」（アイ・トリプル・イー：Institute of Electrical and Electronics Engineers）です。アメリカ合衆国に本部を置く電気・情報工学分野の学術研究団体（学会）、技術標準化機関で、彼らの活動はＳＣＭにまで及び、この種の専門職団体として世界最大規模です。

「ＳＣ管理のためのフレームワーク」には、どのようなものがあり、どのような貢献をするか、ＩｏＴがさまざまなところで使われるとすると、サプライヤー、顧客、荷主の視点から商品のリアルタイムの監視、追跡、管理を行なう「インテリジェントＳＣＭシステム」とはどのような標準化が必要かなど、その関連分野に及ぶ分科会や会誌作成の活動を広げています。

このようにＩＥＥＥは、学術からその応用分野まで、サプライチェーンをカバーできる活動を行なっている、素晴らしくうらやましい会です。

日本は、標準化・規格化に対して国際的に貢献していないといわれていますが、このような団体に積極的に加わって発言していくことを大事にして、もっと諸外国にものを言える国になっていきたいですね。

物流管理に欠かせないロジスティクス

Supply Chain
Management

4-1　物流とロジスティクス

ロジスティクスとは何か

　「ロジスティクス」（Logistics）とは、もともとは軍隊用語で兵站（へいたん）と訳され、作戦計画に従って兵器や兵員を確保して管理し、補給するまでのすべての活動を意味していました。後方業務または後方支援とも呼ばれています。

　兵站は、孫子の兵法の時代から、戦争に勝つための大変に重要な業務として位置づけられ、そのよし悪しが戦力を決めていました。

　いまの人には、シミュレーションゲームを通して理解できているようです。ゲームのタイトルには「ロジスティクスの神髄」などとなっており、これがビジネスにも相通じるところがあるため、ビジネスの世界でもなじみのある言葉になっています。

流通の問題に絞ってＳＣＭを考える

　ロジスティクスは、ＳＣ（サプライチェーン）プロセスの一部と定義されていますが、最近の論調をみても、どこに境目があるのか不明という説があるくらい、実態や課題が似通っています。

　もともと、ロジスティクスがＳＣに発展した経緯もあることから、このような論調は当然のことですが、本書の２章では経営的観点から、３章では情報的観点から広くとらえてきているので、この４章では、**流通（物流）の問題**に焦点を当ててＳＣＭ（サプライチェーン・マネジメント）について考えたいと思います。

　また、物流とは物の流れなので、物の移動や滞留がカギになりますが、ロジスティクスは単に物を流すというだけでなく、それを支える業務まで含めているので、流通の課題についてもその考え方に沿って解説していきます。

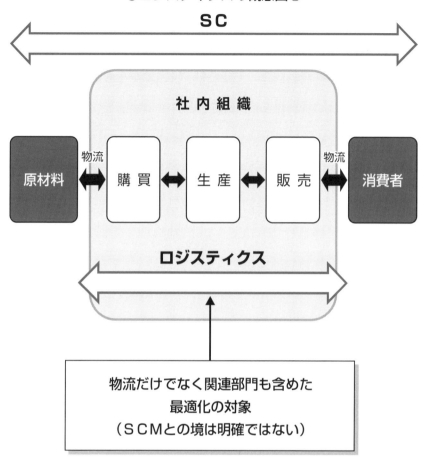

◎ロジスティクスの概念図◎

SC

社内組織

原材料 ← 物流 → 購買 ⟷ 生産 ⟷ 販売 ← 物流 → 消費者

ロジスティクス

物流だけでなく関連部門も含めた
最適化の対象
（SCMとの境は明確ではない）

　1980年代半ばには市場の成熟化が始まり、時代は「量から質へ」と転換します。その結果、モノづくりや流通も「多品種少量」が主流となり、輸配送も効率の悪い多頻度小口が増えざるを得ませんでした。

　そのため、増大した物流コストが問題視され、新たに導入されたのが、「（ビジネス・）ロジスティクス」の考え方です。

　ロジスティクスは、物流をさらに進化させるという意味合いを込めて使われていると解釈してよいでしょう。

4-2 ロジスティクスが カバーする範囲

 ## SCMの中心にロジスティクスがある

　ロジスティクスの定義は、兵站の歴史から始まり変遷を経ている わけですが、本書では1990年代のバブル崩壊以降、大量生産時代が 終焉を迎えて小口配送が主役に代わるころあたりからの内容を中心 に説明していきます。

　SCにおけるロジスティクスを厳密に定義すると、「顧客の要求 に合わせ、仕入から消費者まで原材料、中間在庫、完成品、そして 関連する情報を効率的かつ効果的に流し、そして保管するプロセス」 となります。そうなると、右ページ図のようにロジスティクスの関 連範囲は広くなります。

　ロジスティクスは、**物流管理**と同じ範囲を示していて、特に物を 効率的かつ効果的に流す部分に力点が置かれます。そのため、業務 分担方法の決定と外注・委託の使い方が効率改善のカギになります。

　このロジスティクスの議論が盛んになったのは、1990年ころに、 大量生産から少量多品種の時代に転換し、それ以前のやり方ではス ピードもコストも追いつかなくなったことと、ITが発達して情報 技術の活用が現実的となったため、以前にはやや観念的にとらえら れてきた理論が現実に有効になってきたからです。

　2000年代になるとSCM論が盛んとなりますが、ロジスティクス は依然として企業活動には重要な位置にあり、SCMの議論におい ても中心となる課題です。SCMを全体最適とすれば、ロジスティ クスは部分最適といえるかもしれませんが、実際にはSCMのなか でロジスティクスは中心の位置を占めています。

　近年では、物流の最適解をめざした「3PL」(Third Party Logistics) が当たり前のように進化を遂げています。3PLとは、

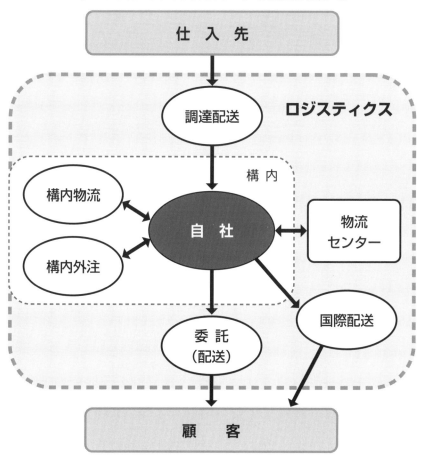

◎ロジスティクスのカバーする範囲は広い◎

仕　入　先

ロジスティクス

調達配送

構　内

構内物流

構内外注

自　社

物流
センター

委　託
（配送）

国際配送

顧　客

ファーストパーティである荷主企業（の物流部門）とセカンドパーティである運送会社や倉庫会社などの間に立ち、荷主企業に対して物流改革を提案し、荷主企業（の物流部門）の機能のアウトソーシングを請け負う事業者のことです。

　複数の荷主企業の物流機能を集約することで、特定のエリア内で業種を超えて共配を行なったり、大型の物流拠点を活用したりすることが可能で、積載率の向上や物流拠点の稼働率向上など、物流資産の稼働率を上げつつコストダウンを実現します。

4-3　移動や保管など 物流の機能を考えてみる

物流の機能は変わってきた

　前項で紹介した3PLの概念からは、**物流の機能**がどうなるかということが見えてきます。

　結局、物流というのは、単に荷物を運んでいるだけではなく、本来、荷主が行なうべきと考えられていたさまざまな機能を別の会社に委託することで、企業にとっての全体最適となることが浸透してきたということです。

　荷主と消費者の間に立ち、さまざまな機能を輸送会社やその機能に特化した専門業者が受け持つという形態が、現在では当然となっています。そうなると、SCM担当者にとっては選択肢が増え、それは望ましいことではあるのですが、それがまた悩みを増やす原因にもなっています。

　つまり、最適解を見つけることが難しくなったともいえるのです。

ロジスティクスの理解はやはり大切

　物流の機能を整理してみると、いま考えられるだけでも右ページの表のようになります。しかし、まだ進化を続けることになるでしょう。

　物流機能の進化は、実は、「企業のコア」とは何かということにまで関係してきます。たとえば現在では、会社の名称に「ロジスティクス」と入る物流会社は、組立工程だけではなく、生産・加工の一部まで請け負っている会社も出現しています。何が本業なのか区別できなくなっているわけです。

　こうなると、ロジスティクスとは何かという議論よりも、SC全体で最適化を図るという議論になってしまうのはやむを得ないとこ

◎物流の主な機能◎

主要機能	内　容	手　段
輸送・配送	●生産物を移動 ●商品に合わせた最適な方法の提案 ●コストダウンの提案	消費者に届ける方法は、船・鉄道・トラック・自転車・バイク・ウーバーなど。共同配送の活用も。
保管	保管する業務	場所の確保と冷凍倉庫、保税倉庫
荷役	荷下ろし、荷揚げ	荷物の集荷・出荷
包装	（4-8項で解説）	
流通加工	（4-8項で解説）	
物流の情報処理	情報提供、マーケティング機能	
代金回収	商流の代行	金融機能
クレーム処理		従業員教育、コールセンター設置
緊急配送	24時間365日対応	常時スタンバイ

> ### 【ロジスティクスの要諦】
> 「必要なものを」「必要な時に」「必要な量を」「必要な場所に」

ろです。しかし、ロジスティクスを理解することがムダになったわけではありません。

　ロジスティクスでは、製品が消費者に届くまでは「製品→運搬→保管→運搬→包装→梱包→搬送→保管→輸送→倉庫→輸送→消費者」のような工程になると考えています。

　工程はもっと簡単だとかもっとたくさんあるともいえるし、輸送といっても荷役、小分けなどの作業も含まれます。製品といっても最後の箱詰めは外注で行なうこともあります。企業や業態により一律には決められないので、何が最適であるかは検討が必要です。

4章

物流管理に欠かせないロジスティクス

77

4-4 物流における競争優位性の確保

コストと付加価値の優位性を検討する

　物流における競争優位性は、ＳＣＭからみたロジスティクスにおける競争優位性となるので、大きく分けて、コスト（経済性）での優位性と付加価値での優位性が考えられます。

　コストの点では、狭い意味では輸送費に焦点を当てるものと、全体最適で保管や梱包費用などの関連経費も含めたコストで考えるケースがあります。一方、付加価値という点では、ワンストップサービスとして荷主にはない機能を提供できる（たとえば、ネット販売も手がける、他社と共同配送するなど）３ＰＬを傘下に置くという差別化戦略をとることができます。

　ＳＣにおいて物流が中心課題になるのは、多様な選択肢があるため独自性を出すことが可能だからです。

　物流コストの優位性は、輸送コストの比較から検討します。運送業界のデータによると、輸送コストは、主要製造業が６％程度、全産業平均は５％程度となっており、ちなみにアメリカでは８～９％です。この数字はここ数年、大きな変化は見られません。

物流コストは輸送費の削減から

　物流コストの多くは、物流事業者へ支払う輸送費であり、全体の半分近くを占めるので、この輸送費のさらなる削減を図っていくのがＳＣＭ担当者の主要テーマとなります。

　燃料費・人件費が上昇している傾向をみると、輸送費自体はここ数年でも相当に削減努力がされているといえます。輸送費は、「積載量×輸送距離」で計算されますが、実際にはトラックのなかに荷物がどれだけあるかという問題があり、平均積載率のアップが輸送

◎物流の競争力優位性の課題と対策◎

競争力優位性の テーマ	課　題	対　策
コスト競争力	● トラックの積載効率 ● 実車率、積載率をい 　かに高めるか？	● 正確な運送計画 ● 顧客に適合した特殊 　車両の開発
時間に正確な運送	合理的運行計画	シミュレーション機能 の導入
無事故・無災害	● 情報収集能力 ● ニーズの把握	構造化・組織化による 対応
従業員の教育システ ム	● システムの構築 ● マニュアルの作成	研修担当設置
環境にやさしい対応	エネルギー、輸送時間、 燃料効率の最適化	モニタリングシステム の導入
３ＰＬ対応	ニーズの把握	振動に強い包装設計、 通い箱の設置など（４ －５項以降でも解説）

業者の課題です。

　これは、鉄道や船、航空機でもまったく同じです。たとえば、航空機会社の共同運航は当たり前ですし、高価な航空機をなるべく休みなく（すなわち設備を高稼働させる）動かすことが最優先課題となります。また、港では船に自動車をどれだけ隙間なく詰め込むことができるのかを紹介するテレビ番組を見たことがある人も多いでしょうが、とにかく詰め込むのが「コスト競争力の中心」です。

　航空会社は、上記のほか機内サービス、離着率の正確性、事故の確率などでも競争していますが、ＳＣの広い視野から見ても、ロジスティクスにおける高効率輸送と付加価値輸送というように置き換えれば、競争力強化の源泉になることは理解できると思います。

4-5 ロジスティクスにおける 4つの課題

各機能に共通する課題がある

　物流の主な機能において、それぞれの優位性を確保するためには、共通する4つの課題があります（本来はもっとありますが、主要な点に絞りました）。そこで、主要な機能である輸送・保管・荷役・包装・流通加工に共通して考えられる課題について整理しておきましょう。

【課題1】物流コストの削減

　前項でも説明しましたが、現実には部門間、企業間のモノ、そして情報のやり取りを把握したうえで対策は成立します。取り扱う量、スタッフの動き、在庫などの情報が、それぞれの部門で管理され、共通テーマとして情報の集中化、見える化と、コストの見える化はどの機能段階であろうと共通した課題です。

【課題2】安心・安全の強化

　ドライバーの体調不良は、交通事故発生の要因になりますから、常にドライバーや作業員の健康状態を管理しなくてはなりません。輸送や配送について安心かつ安全に実行するための努力は、継続的に実施します。また、緊急時にはどう対応するのか、顧客に対するＢＣＰ（事業継続計画）対策、災害時を想定したリカバリー策を示すことが共通課題です。

【課題3】環境負荷への配慮

　4-10項で説明しますが、ＣＯ$_2$排出量削減への取組みとして、グリーン物流が推進されています。適正なルート、適切な配車、効率的な一括配送には、情報システムの活用が必要です。

【課題4】人材育成

　少子高齢化が進み、物流センター内の作業員やドライバーの人材

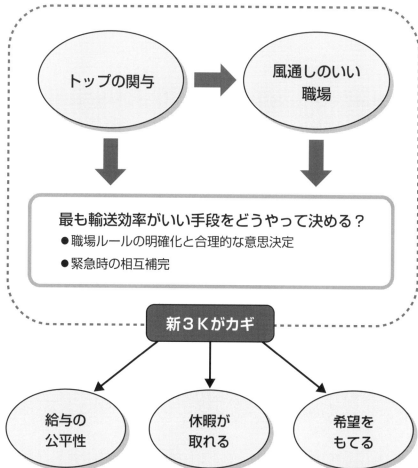

◎運送業界の生き生きとした職場とは◎

トップの関与 → 風通しのいい職場

最も輸送効率がいい手段をどうやって決める？
● 職場ルールの明確化と合理的な意思決定
● 緊急時の相互補完

新3Kがカギ

給与の公平性　　休暇が取れる　　希望をもてる

不足が課題となっています。自動車離れから、若年層のドライバーを確保することが難しく、また高齢者にとっては重い荷物を扱うのは負担になります。少ない人員で効率よく負荷を抑え、短時間かつ正確に物流、輸配送の作業を行なうことが求められています。人手不足対策は、どの企業でも同じです。ドライバー、作業員の育成、作業の効率化、負荷の軽減を計画的に実施して、生き生きとした職場環境をつくっていくしかありません。

4-6 物流センターの重要性

物流センターを中心に輸配送が行なわれる

　最も効率的に輸送するためには、簡単にいえば、トラックになるべく荷物をつめて走らせればいいわけです。貨物列車の定期便になるべくコンテナを積載して走らせればいいし、飛行機になるべく乗客を乗せて運べばいいということになります。

　「混合搬送」というやり方があります。物流センターにはさまざまな商品がミックスして運ばれ、迅速に小口分けして顧客に届ける、それもなるべく短い距離で運べるようにするという方法です。

　一般顧客に商品を配送する役割をもった企業は、必ず「商品配送センター」を設置して上記のような物流の効率化を図っています。

　全国展開や海外展開をするような企業は、このような物流センターを使って効率を追求します。物流網というのは、物流センターを中心に設計されるので、この物流センターを適切に配置できるかどうかは企業の生命線になっています。

　いまや全国どこでも高速道路のインターチェンジの近傍には必ず大型の物流センターの1つや2つが設置されています。この物流センターには、日々たくさんの商品が届くわけです。

コンピュータで制御されるから効率的

　物流センターの内部には、大型の自動倉庫があり、倉庫の出し入れは人手で行ないます。一般的に、商品の受取り、検品、棚入れまでの工程を担当するのが入荷担当者。注文された商品の取出しから、仕分け、梱包、発送までの工程を担当するのが出荷担当者。在庫されている商品の品質管理を担当するのは品質管理担当者というように業務担当は分かれています。

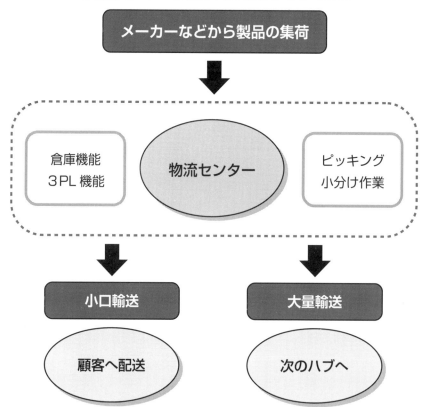

◎物流センターが効率的に稼働するしくみ◎

メーカーなどから製品の集荷

倉庫機能
3PL 機能

物流センター

ピッキング
小分け作業

小口輸送

大量輸送

顧客へ配送

次のハブへ

　さらに、食品・日用品などを少量から届けるための小分け担当者を置くこともあります。完全にコンピュータ・コントロールの世界ですから、正常に処理できない商品（商品間違いや損傷など）に対しては、パソコンやハンディスキャナを使ってシステム処理します。

　物流倉庫の高機能化、大型化は著しく進んでいます。航空機でいえば、「ハブ」の機能を持たせて高効率な物流を実現するということです。

　いまや「物流拠点の集約・最適化」「物流センターの構築（立地選定、倉庫内設計）」「物流システムの設計・構築」は、ロジスティクスの要となるテーマです。

物流に必要な情報処理力

ORとシミュレーションを活用する

　計画はどうすれば実施できるのか、あるいは何をどうコントロールすればどのような結果になるのか、どういうアクションを取れば在庫はどの程度削減できるのか…など、ロジスティクスには少し考えたくらいでは解けない問題が数多くあります。情報処理の力を借りないと、とても無理な相談です。

　このような問題に対して実用的によく使われるのは「ＯＲ」（Operations Research）と「シミュレーション」です。ロジスティクスというと、ＯＲを思い浮かべる人も多いはずです。

　ＯＲは、アメリカ空軍の最適計画の科学的計算（ＳＣＯＯＰ）と呼ばれる研究団によって1947年に設置されました。第二次世界大戦で多くの研究成果を上げた結果、その技術を集大成することを目的としてできました。

　敵の船団を発見したときに、自分の持つ戦力をどのように配分したら最も効率がいいかとか、敵の戦艦に魚雷をあてて沈めるためにはどの部分に何発打てば最も効果があるか、などを数式でしっかり計算していたわけです（日本軍も成功したとは聞きませんが、研究はしていたようです）。

　研究団の中心的人物であったジョージ・ダンツィーグが1948年に線型計画法を確立。1951年にはケンドールによって待ち行列理論、1952年にベルマンによって動的計画法など、ＯＲに欠かせない数学的手法が数多く提唱され、ＯＲの発展に寄与しました。これらが基礎になり、進化を続けていまでも多くの業種で活用されているのがＯＲです。現在でも効果的な燃料の使い方などに応用されています。

　一方、シミュレーションは、行列などのモデルを数式化し、動的

◎ＯＲとシミュレーションの特徴◎

手　　法	内　　容
【ＯＲ】 さまざまな計画に際して最も効率的になるよう決定する科学的技法。たとえば、複数の箇所に荷物を届けるときに、どのようなトラックでどう回れば一番コストがかからないか、という問題を解いてくれる。	数学的・統計的モデル、アルゴリズム（線形計画法、動的計画法、順列組合せ、確率、最適化および待ち行列理論、微分方程式、線形代数学などの数学的研究）を利用して複雑なシステムの分析などにおける意思決定を支援し、また、意思決定の根拠を他人に説明するためのツール。近年は、計算機を用いて煩雑な計算を実行する方法を研究することが多い。
【シミュレーション】 さまざまな計算式を用いて、どのような順番で注文がきたら、途中の在庫はどこまで膨れ上がるかなどを示してくれる。	● 工場から物流センター、物流センターから顧客などの輸送、配送シミュレーション ● 倉庫内作業、バース作業、ピッキングなどのシミュレーション ● 拠点間の在庫配分、拠点の在庫量のシミュレーション

な動きを可視化して意思決定に役立てることができます。どれくらいの荷物が来たらいまのままではどの程度の倉庫がないと収納できないか、など簡単な例題であればエクセルでもつくれます。

　したがってシミュレーションは、エクセルで計算できるものから大規模ソフトウエアの形態までさまざまな種類があります。出荷データをもとに配送ルートをシミュレーションするために大量のデータを処理するときには、ソフトウエアのシミュレーションなど専門ソフトを使わないと効果的な結果は得られません。

4-8 包装・流通加工に関する課題

包装工程と自動化の考え方

　包装や流通加工は、企業や製品により千差万別の方法が入り混じっているため、物流においてはまさに課題の宝庫です。

　その課題について右ページ表に整理しましたが、コストを中心課題としながらも、包装形態は販売戦略・顧客ニーズにも大きく左右されるため変更が多いこと、また新技術・新製品の開発も盛んなこともあり長期的な戦略を立てにくいところが担当者泣かせです。

　包装は、物流でいえば最初の工程で、生産工程では最後の工程となるため、どちらの工程に入ってもおかしくない部分です。自動化ラインをつくろうとすれば、相当な量を扱わないと費用対効果は出てきません。したがって、多くの企業が袋詰めや最終包装を手作業でこなしているわけです。できる限り手作業で対応して、簡易な自動機械を導入するのが、最も効果が出ると考えられます。

包装・流通加工工程では品質検査、環境対応も必要

　包装工程や流通加工工程は、生産全体では最終工程でミスもつきものですから、**自動検査装置**が必要です。品質確認については、外観検査だけでなく振動試験、高温恒湿室にてサイクル試験を行なうことなども必要になるでしょう。基本的に非接触で検査をしなければならないので、測定器の能力に依存する検査工程です。

　大量輸送や海外向けとなれば、港や倉庫では製品を踏みつける、投げ飛ばすなどかなり荒っぽい扱いをされます。ふつうの製品包装に加えて、輸送に向けた頑丈な輸送用包装（国際物流の場合を含む）も導入しなければなりません。

　だから海外への輸送となると、「製品→包装→輸送用梱包→トレ

◎包装・流通加工の工程における課題◎

	包 装	流通加工
コスト削減	●運搬容易性の設計 ●自動包装装置の開発 ●簡易包装や国際物流向け包装の設計	●自動化（組立、検査） ●冷凍輸送 ●作業動線の確保
品質	●商品包装の設計 ●パッケージデザイン ●トレーサビリティ機能 ●ＳＣＭラベル ●自動検査装置	●品質管理マニュアル ●ＱＣ工程図 ●作業指導マニュアル
リードタイムの短縮	●自動包装機 ●工程設計（時間短縮や特急ライン）	●工程設計 ●作業設計
安全	●労働安全管理 ●窃盗対策 ●通い箱の設計	●労働安全管理
環境	●産業廃棄物への対応 ●環境管理 ●人事研修	●産業廃棄物への対応 ●環境管理 ●人事研修

ーサビリティ向けラベル貼付→荷役」というプロセスのすべてに最適な包装設計（品質面、コスト面）が必要です。そのため最終的には、工業デザイナーや物流の専門家の意見を聞いて決定します。

　これらに加えて、本章でも再三出てくる**環境対応**もこの工程に大いにからんできます。たとえば、段ボールや包装紙の厚さを0.1mmでも薄くする努力は、この工程に関係してきます。

　包装工程以降の工程は、自社以外の人に委ねるので、ここでミスをすると思いもかけないクレームがくる可能性があります。包装設計の段階で慎重に多くのチェックをしなくてはなりません。

4-9 外注と アウトソーシングの活用

ＳＣＭを支える選択肢だが契約内容には要注意

　３ＰＬもそうですが、外注とアウトソーシングはＳＣＭにとって不可欠な選択肢であり、自社で行なうのはコア事業に特化して、コア事業以外は委託または外注先の事業者のノウハウ活用による業務効率の改善およびコストの削減、参入にあたってのスピードアップなどのメリットを享受するのが一般的な経営戦略です。

　外注の活用は、競争優位性を高める面がある一方で、選択を間違えると、競争優位性は思ったように上がらない可能性もあります。

　外注もアウトソーシングも、日本では似たような意味で使っていますが、外注は自社の業務の一部を契約により実施してもらうこと（英語では「subcontract」）で、アウトソーシングは自社のあるプロセスをそっくり外部に委ねることをいいます。

　外注やアウトソーシングは、リスクはあっても、自社のＳＣを支える重要な選択肢の１つです。

　そこで、外注等を成功させるポイントをあげておくと、以下のとおりです。

①契約をしっかり交わしておくこと

　契約書など交わさなくても業務がうまく回転することはありますが、何かあったときの責任の所在をあらかじめ決めておかないとトラブルの元になります。文章だけでは不十分なことも多く、業務の境界線を図示などして取り交わしておくのも有効です。

②定期的なコミュニケーションの実施

　監査や視察などについても具体的な方法を決めておきます。経営トップにも報告して関心を持ってもらうこともその一環です。丸投げしただけで、うまくいったという事例はありません。

◎外注とアウトソーシングの管理内容の比較◎

管理事項	外 注	アウトソーシング
下請法	契約内容によるが、大企業対中小企業の場合には関連あり。	契約内容によるが、大企業対中小企業の場合には関連あり。
知的財産	契約内容による。権利化するには契約書に明記が必要。	契約内容による。権利化するには契約書に明記が必要。
品質管理	契約内容による。通常は受注側の責任。	契約内容による。通常は受託側の責任。
契約管理、監査方法／業務・成果の評価	具体的な方法を取り決めておく。	具体的な方法を取り決めておく。
業務管理・在庫管理	通常は、受注側が責任をもつ。	具体策は協議のうえ決定。変更は許可制に。
財務管理	通常は、受注側が責任をもつ。	定期的に業務内容を報告。
トラブル事例	リスク管理は委注側に必要あり。役割分担を事前に決定して対応。	リスク管理は委託側に必要あり。役割分担を事前に決定して対応。
技術管理	契約内容による。通常は、両社に権利あり。	契約内容による。権利化するには契約書に明記が必要。

③コストなどの成果確認を通じて外注先の能力を評価すること

　ＩＳＯなどの規定を参考にしながら評価方法を決めておきます。

　ただし、社内には外注管理やアウトソーシング管理を得意とする人材はほとんどいないのが現実です。一方で、どの部門の人でもこの業務管理者になる可能性があるので、外注管理マニュアルや手順書は必ず整備しておきましょう。

4-10 環境対応と グリーン・ロジスティクス

 環境調和型の物流システムを構築する

　段階的に進化してきた物流ですが、最近注目を集めているのは**環境対応**の問題です。廃棄物処理を始めとする環境問題はＳＣＭの重要課題なので、7章で詳しく説明しますが、ここでは物流上の技術的な課題として確認しておきましょう。

　最近の傾向として、ものの供給で終わらずに、使用・消費されたものの回収、そして再資源化する「**グリーン・ロジスティクス**」（**循環型ロジスティクス**）が注目されています。

　もともと、環境問題のうちの資源保護の問題については、「reduction、reuse、recycle」という掛け声で注目されています。そのなかで資源の再利用が叫ばれているのは、昨日今日の話ではありません。しかし、解決のために多くのエネルギーが注がれているにもかかわらず、一向に問題は収束していないのが現実です。こうした状況を打破するために、戦略的に環境調和型の方向で物流システムを構築することが循環型ロジスティクスの考え方です。

　環境調和型システムには、大きく3つのポイントがあります。

　企業自らが環境負荷の源流となっているとの視点から、企業の社会的責任として環境負荷を低減する手法を「**①源流管理**」といいます。そして、源流の企業は資源をなるべく使わない「**②ごみゼロ**」をめざした工場にする行動を起こします。しかし、そこまで達するのは技術的に困難なので、製品が使用された後に工場に「**③戻っていくしくみ**」が必要となります。そのためには、製品が最初から解体して循環されるように設計されなくてはならないし、戻ってくる物流システムもつくらなければなりません。

　製品を消費者に届けることを「**動脈物流**」、使用後に解体して工

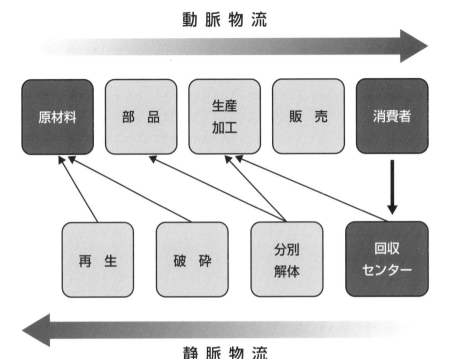

◎グリーン・ロジスティクスの概念図◎

動 脈 物 流

| 原材料 | 部 品 | 生産 加工 | 販 売 | 消費者 |

| 再 生 | 破 砕 | 分別 解体 | 回収 センター |

静 脈 物 流

グリーン・ロジスティクスは、物流を支える重要な考え方であり、社員教育、燃料の節約、運搬方法なども対象となる。

場に戻るまでを「**静脈物流**」といいますが、「調達→生産→流通→使用・消費→回収→再資源化」の循環過程を効率的に回していくための物流について「循環型ロジスティクス」を構築します。

　このシステムを支える従業員教育システム、トラックなどのエネルギー消費量の監視システム、よりエネルギー消費の少ない鉄道輸送への切替え、そして環境負荷の少ない包装材の採用など、環境保護に資するありとあらゆる方法に取り組む必要があります。

戦国時代の兵站とＳＣＭ

　歴史上、戦争は紀元前から行なわれていますが、戦争を実行するに際し、必要な３つの要素は「戦術（Tactics）」「戦略（Strategy）」「兵站（へいたん：Logistics）」であるといわれています。

　兵站については、４章の本文で述べたとおりですが、「軍の移動および継戦能力の維持を計画・実行し、戦術レベルで装備の補給・修理・給油・人員配置・休憩」などを担当することになります。それはもう大変な仕事です。

　戦国時代の歴史でも、さまざまなシーンで兵站の苦労が述べられています。ただし、織田信長や徳川家康の話には、意外にもあまり出てきませんが、豊臣秀吉にはよく現われます。

　たしかに信長は、大きな勢力で敵を呑み込んで勝ちますし、徳川家康は、関ケ原では大軍を率いたものの１日で決着がついたので、兵站の問題はありませんでした。

　一方、秀吉は、小田原や九州などに当時としては、けた違いの大軍を率いてじっくりと攻めました。兵站が優秀でないと、このように大軍を動かすのは難しいことです。

　ところで、秀吉に関する小説やドラマでは「軍師」がよく登場します。特に、竹中半兵衛、黒田官兵衛、石田三成が有名で、それぞれの特徴を出しながら戦（いくさ）に勝つことに貢献しています。有能な軍師は、やはり兵站をしっかりと勉強していたのだろうと推察します。

　戦国時代に限らず、三国志など戦争を題材にしたシミュレーションゲームの世界でも、兵站は格好のネタです。このようなゲームで育った世代ならば、ＳＣＭの仕事は案外楽々とこなしてくれるかもしれません。

5章

事例から学ぶ
ＳＣＭの課題

Supply Chain
Management

事例研究を通して ビジネスに活かすヒントを得る

海外の事例が参考になる

サプライチェーンとは、「商品流通」と「その情報流通」であると説明しましたが、この2つの要素を管理することを「**サプライチェーン・マネジメント**」（SCM）と呼びます。

そしてSCMは、「流通」と「情報」を単に管理するというだけでなく、組織全体の最適化を図るという要素があるのは先に述べたとおりです。

その最適化を模索するためには、理論的な考え方を検討するのは大事なことですが、時代の進み方はとても速く、事例研究を通してビジネスに活かすヒントを得るケースが少なくありません。

そこでこの章では、SCMに関係する事例を集めて解説を加えることで、読者の皆さんのビジネスに役立つヒントを読み取ってもらうこととします。

特に、世の中のビジネス書は多くの観点から執筆して発刊されていますが、逆説的な発想法を示唆する書も多くあります。逆説的な発想をすることも重要ではありますが、簡単なことではありません。したがってこの章では、海外の事例を紹介することで、日本ではなじみのない考え方を理解してもらいたいと考えました。

ただし、海外の事例といっても「先進国」と「発展途上国」の例では参考のしかたが違ってきます。おおむね次の6項目の差異を意識して読んでいただくと、理解しやすいと思います。

「政治的な取組み」「法規制」「地理・インフラ」

「ターゲット顧客」「物流事情」「IT事情」

たとえば、先進国では「法規制」が整っていて「政府」が関与することは少ないですが、発展途上国では「法整備」が遅れているぶ

課題となる項	内　容	タイトル
５－２	海外事情	米中の貿易戦争に学ぶ
５－３	海外事情	ブラジルの大豆輸出
５－４	海外事情	英国のＥＵ離脱問題
５－５	海外事情	中国市場とＳＣＭの課題
５－６	海外事情	中国の取り付け騒ぎに学ぶ
５－７	テクノロジー	ＡＩと経営とＳＣＭ
５－８	テクノロジー	ネット販売とスーパー
５－９	テクノロジー	「ミートレス」の破壊力
５－10	金融手法	金融手法と発展途上国の支援

5章

事例から学ぶＳＣＭの課題

　ん、「政府」が関与してきます。そのうえで、上記項目に関する事例をどう見るかということになります。

　実は、調べてみると海外の事例は山ほど出てくるので整理して抽出するのが難しかったのですが、１つ理解できたことは、「サプライチェーン」という言葉があふれていて、さまざまな観点から使われているということでした。

　たとえば、総理大臣の談話に「サプライチェーン」における賃上げを推進するなどと政治問題としても出てきますし、台風などの災害により「サプライチェーン」が傷ついたと報道されることもあります。本書では、ＳＣＭというのは企業経営を運営することと何の差異もないということを１章から何度か申し上げていますが、いまでは「ＳＣＭ」は、経営用語ではなく一般的な用語として普及しています。

　本書ではもちろん、ビジネス用語としての「サプライチェーン」として記述していますが、賢明な読者の皆さまには、このような事実を踏まえたうえで本書を読まれた後には、さらなる事例に触れていただくことを期待しています。

5-2 米中の貿易戦争に学ぶ

日本はどの国と連携を進めるのか

　米中の貿易戦争が長引き、世界経済の不安定の一番の要因にあげられています。世界の貿易量は年間で1.5％の下落という報告も出ていますが、実際には米中の企業が痛手を受けているだけでなく、日本の中小企業の業績まで影響が出ています。

　その不確実性から、投資や事業拡大の意欲が冷えこむのも当然のことです。米中問題はどこかで何らかの決着がつくのでしょうが、不安定な状況は続くものとみられます。

　米中ともに、貿易においてはお互いの依存度は高くなっていますが、安全保障分野、特にハイテク分野に対してはお互いに引き下がれないはずです。

　米中二国の影響の深さが理解できました。日本の立場は非常に難しいところですが、中国に技術が流れることがないように規制・管理する必要がある一方で、中国のような大きな市場とのつながりを深めなければいけないのも明白です。

　とはいっても、米中のどちらにもいい顔を向けることは不可能です。その意味で、**環太平洋経済連携協定（ＴＰＰ）**はとても重要な位置づけにあります。米国の離脱があったので頓挫しているように見えますが、日本が中心になってＴＰＰを進めることができれば、米中双方に一定の存在感を示すことになります。日本には、東南アジア・オセアニアとの緊密な連携しか選択肢はないとの意見もあるくらいです。

　もう１つ重要な連携は、インドの反発で難航している**東アジア地域包括的経済連携（ＲＣＥＰ）**です。インド抜きのＲＣＥＰは存在意義が半減しますが、日本のサプライチェーンはアジア全域に広が

◎海外との貿易に関するＳＣＭの課題◎

課　題	内　容
ビジネスモデル	受け身だった日本が指導力を発揮したＴＰＰ11が発効して「日本はカナダ、ニュージーランドと初めてＦＴＡを結んだ」ことになった。伸び盛りのベトナムを取り込んでいることも大きく、これらの国だけでも多くの企業が活用している。
経済連携の影響	ＲＣＥＰは中韓に加えインドが加入すると、多くの国が参加を表明して自由貿易が進んでいく。日本には課題はあるものの不利な点は少ない。
流通課題	日本は東南アジアにサプライチェーンを広げることで未来を形成できる。
許認可	日本政府が個々の企業の動きを把握しながらも、各国との対応を早くまとめてほしい。
教訓	２つの経済連携が成立すれば、大きなお金が日本に集まってくる。この機会をどう活かすのか、いまから考えておくべき課題。

っており、中韓と初めてＦＴＡ（自由貿易協定）の関係を結ぶことになるＲＣＥＰの意義は大きく、インドを含めたこの連携が確定すれば巨大経済圏になります。

　日本は、この２つの経済連携には関心が薄く、うまくいかない報道ばかりが強調され、まともに取り上げられていないのですが、世界中の多くの投資家は、これらに注目してしっかりと動向を監視しています。

　これから発展していく地域が包含されているので、日本企業は未来志向で戦略を立てることができます。

5-3　ブラジルの大豆輸出

最大の輸出先・中国の消費が課題

　ブラジルの農産物輸出問題は、サプライチェーンを学ぶうえで参考になります。もともとブラジル（に限らず南米各国も）の経済は不安定な要素が多く、ビジネスには注意が必要な国です。先ごろインフレ率や政策金利が歴史的な低水準にあるなか、消費が持ち直したという発表があった一方で、農業分野では最大の輸出国である中国でアフリカ豚コレラが流行し、飼料用大豆の輸出が急減する逆風が吹いて本格回復まで時間がかかるという見通しでした。

　米中の確執があるため、ブラジルから中国への穀物輸出が大幅に増加するという漁夫の利を得たと思ったら、中国豚コレラで需要が急減して大ブレーキがかかったのです。大市場である中国の扱い方はもともと非常に難しく、中国依存比率が高くなると必ず落とし穴が待っているという状況です。

　ブラジルの生産物は、気候変動によく左右されるうえに、米中の貿易戦争という政治的な問題がからんでくるのでやっかいな問題です。中国需要の波に乗って、この20年で世界有数の農業輸出国に成長したブラジルですから、以下のような気になる話もあり、問題は複雑です。

①アメリカ、ブラジルはそれぞれ世界の30％程度を占める輸出国

②中国は大量に大豆を必要とする大輸入国。この中国の需要をまかなえる国はアメリカとブラジルしかない

③中国が大豆を大量に消費する理由は豚のえさにするから

④中国では豚コレラの影響で豚肉が食べられなくなり、牛肉に需要がシフト。中国は豚肉消費国に戻るだろうか？

　大豆を栽培するきっかけは、アメリカでもブラジルでも日本の事

◎ブラジルの大豆輸出に関するＳＣＭの課題◎

課　題	内　容
ビジネスモデル	ブラジルは、大得意先の中国における豚コレラの影響で大豆の輸出量が急減。アメリカの大豆は米中間の確執で、中国ではまったく売れなくなった。
開発コスト	アメリカの生産農家は市場を取られ、打撃を受けて立ち直りが困難になっている。
流通課題	ブラジルは一時的に大量の在庫を抱えているが、需要は戻ると考えている。しかし、得意先の中国では豚肉から牛肉への嗜好シフトが始まった。
許認可	ブラジル政府は、大豆生産にはあまり関与しない。もともと生産者に任せていたからこうなっただけで、危機意識は薄い。
教訓	大豆という大きな市場は過去、日本が主導してつくった。ＳＣにおける大きなビジネスの先例として今後も参考にしたい。

情からです。アメリカは、かつて黒船により大豆を持ち帰りました。ブラジルで大豆をつくり始めたのは、日本とブラジルのプロジェクトがきっかけです（日本は豆腐の原料を安く手に入れたかった）。

　アメリカ・ブラジル・中国が大豆についてどのように動いていくのかは興味のある問題ですが、似たような問題が起こる可能性は規模が違っても他の農産物にも出てくるはずです。日本のＳＣＭ担当者は、こういう事態をうまく使って価格交渉に臨むなどの行動力を示すべきでしょう。

5-4 英国のEU離脱問題

自動車業界各社は英国から撤退・縮小している

　2020年に英国がEUを離脱することが決定しましたが、特に自動車産業が受ける影響は大きく、どの自動車会社にも損害をもたらすことになるでしょう。この事例は政治的問題ですが、サプライチェーンが揺れる典型的な問題ともなってしまいました。

　英国のEU離脱が決まると、自動車会社各社は、多くの企業が英国から離れるか、英国における事業を大幅に縮小するとしています。その対応の様子は、自動車業界以外のSCM担当者にとっても他人事ではありません。どこの国でも起こる話として考えるべきです。

　企業が英国を離れる理由は、離脱後に貿易ルールの交渉が始まり、そこで関税や貿易摩擦がない現行のままの条件を保てないことがわかっているからです。

　英国では、12社の主要な自動車メーカーが事業を展開し、部品などの関連企業は2,500社あります。完成車工場を持つホンダは2021年までの閉鎖を発表し、米フォード・モーターも2020年にエンジン工場を閉めます。自由なモノの行き来が命綱である製造業は、すでに国民投票でEU離脱派が多数を占めた時点から英国には投資しづらくなり、対英投資額は投票前の4分の1にまで落ち込みました。欧州単一市場から離脱すれば、ヒトの自由な移動にも制限が生じ、中長期的には優秀な人材が集めにくくなるリスクもあります。各企業の英国離れはやむを得ない決断だと考えられます。

　産業革命発祥の地である英国は、自動車産業にとって魅力を維持できるかどうかの岐路を迎えています。それに加えて、電気自動車の台頭が確実であるため、従来の部品メーカーにはそもそも生き残れるかどうかの問題があります。さらに欧州市場は、英国離脱問題

◎英国のＥＵ離脱に関するＳＣＭの課題◎

課　題	内　容
ビジネスモデル	英国がＥＵ離脱を決定したため、英国からＥＵなどに輸出していた自動車関連企業の多くは英国での事業を撤退するか縮小することを決定した。
開発コスト	製造業の場合には、ＥＵ離脱により「人・もの・金」の動きが制限されるため、以前より不利益になることは明らか。
流通課題	英国とＥＵで貿易ルールが作成され、いまのように企業に関税や貿易摩擦がない状態ではなくなってしまうのは明らか。
許認可	英国政府の動きが不透明であるため、何らかの引き留め策が出るのかどうかは不明。自動車産業に魅力ある政策を打ち出せるかどうかは英国の重要課題。
教訓	英国は混乱しているが、ＥＵも移民問題などで安定しているわけではない。第二の離脱国も現われる可能性を考えてＥＵをとらえておく。

に加えて移民問題の混乱があり、ＥＵに移るだけで話は済まない状態です。

　これほどの時代に、英国離脱問題を抱えてしまった自動車メーカーは悲惨でしかありません。

　しかし詳細をみると、ホンダのように工場を閉じる決断がある一方で、トヨタのようにあまり動いていないように見えるメーカーもあります。リスク管理の内容で差がついているのでしょう。

　そもそもＳＣＭの観点からみれば、英国に製造拠点を移せば、いつかこのような事態が起こることも予想して撤退するかどうかまで決めてから進出するのがリスク管理です。

5-5 中国市場とSCMの課題

　中国の物流量は急速に拡大しているが…

　中国における物流事情は、年々目に見えてよくなっています。高速道路や鉄道はどんどん拡張されているし、水運は昔から得意で海上輸送や航空機利用もすべて拡大基調です。発表されたデータによると、商業の発達と個人需要の高まりで宅配便の取扱数量は世界の半分を占めるといわれています。言い換えれば、中国にはそれだけの荷物が届く物流網があるということです。

　ただし、現在の配送は大手の流通業者だけでなく中小の配送業者に依存しています。いくら環境が整っているとはいえ、増加のスピードは異常ですからそれを支えるだけのしくみまで完成されていません。中国の宅配物流は常にパンク状態で、末端は小規模業者が請け負うことが多いのですが、荷物が多すぎるのと、単価が安すぎるため、物流業者の倒産がたびたびニュースになるのが現実です。

　しかし、運搬量の拡大基調とつぶれても起き上がる小規模事業者のエネルギーが不思議なハーモニーを保ちながら拡大し続けるでしょう。

　一方で、ドローンや自動運転車による無人配送、人工知能とロボットによる自動仕分けセンター、スマート宅配ロッカーなど宅配物流に関する技術が急速に進んでいることも、中国事情の真実です。

　中国政府の発表もどこまで正しいのかわからない面があり、日本のメディアや調査会社も盛んに中国事情を報告しているのですが、実態を知るのは不可能です。しかし、SCMについてはいろいろな意味で、教科書になる国であることは間違いありません。

　物流のテクノロジー的には、ウーバー（配車アプリ）を産み出しているようにアメリカの進化も負けてはいません。アメリカの情報

◎中国の物流事情とSCMの課題◎

課　題	内　容
ビジネスモデル	中国の物流事情はインフラ整備も進んで急速によくなっている。すでに宅配荷物の数量は世界の半分となり、海外からのEC取引品も含めて無事に配送されている。
開発コスト	現在は小規模配送業者に支えられている不安定な構造であるが、膨張エネルギーが物流網をかろうじて後押ししている。
流通課題	最先端のテクノロジーの導入が早いのも中国の特徴である。
許認可	たとえば、任天堂のような家庭用ゲーム機は中国では売れていない。理由はいろいろと言われているが、中国当局は青少年がゲームのしすぎで社会問題になることを防ごうとしてさまざまな規制をかけてくる。禁止というと徹底して禁止するのが中国の規制。ゲーム機市場に限らず、この徹底的に規制するという姿勢に企業は立ち向かわねばならない。
教訓	古さと新しさの同居する中国をみると、多くのビジネスのヒントがもらえる。東南アジアなどの新興市場にも応用できる。

は整理してみることができるのでまだ分析できるのですが、何が出てくるのかわからないという意味では中国は専門家泣かせです。

　日本企業の中国市場担当者は、自社の仕入先や販売先を把握したうえで、生産管理、在庫管理、配送管理などの業務を行ないます。日本のバイヤーも、中国の奥地にまで出かけて仕入れをしているのです。現在の中国事情を整理して把握し、実地検分も適宜行なうことが求められているということです。

5-6 中国の取り付け騒ぎに学ぶ

ネットによる噂の拡散で大きな問題に

　中国では、2019年に地域金融機関の経営不安に関する記事が出ました。もちろん、地域金融機関の不安定さは昔から存在していたので、中国でも情報がオープンになってきた現われかと思います。

　この金融機関の不安定さとネットの噂が取り付け騒ぎに発展しましたが、その取り付け騒ぎでは次の2つの点が注目されます。

①地域金融機関の経営不安は地域全体のビジネスに悪影響（経済活動の停止など）を及ぼすこと

②ネットなどでの悪い噂は広まるのが早く、初期行動を間違えるとサプライチェーン全体への不信に発展するということ

　金融機関の取り付け騒ぎは、昔は日本でも発生しました。預金者が一斉に銀行に押し寄せて、銀行が現金の引き出しに機敏に対応しないと、倒産や暴動などにまで発展するのです。少なくともしばらくは、その金融機関は機能不全に陥ります。

　銀行などの取り付け騒ぎが、地域経済に与える影響が少なくないのは明らかです。サプライチェーンでは、1社が機能しないだけで全体が停止に追い込まれる事例はいくつも発生しています。自社の仕入先がこの騒ぎに巻き込まれることは避けたいところです。

　さらに注意したいのは、取り付け騒ぎは必ずしも金融機関に問題があるわけではなく、人々の（あるいは悪意をもった人の）憶測などから始まるということです。特に、ネットで噂が広まるのは速いので、初期対応を間違えると後始末にも大きな費用がかかることになります。

　中国の銀行では、預金者たちが見える場所に札束を積み上げて事態の収拾を図ったということです。過去には、日本企業が海外であ

◎中国の金融機関に関するＳＣＭの課題◎

課　題	内　　容
ビジネスの課題	中国では主に地域金融機関において、インターネットを中心に広がる経営不安の噂やデマに高齢者らが過剰に反応して、取り付け騒ぎが発生している。
開発コスト	いったん騒ぎが始まると、地域経済への影響が出て、全体のサプライチェーンも多かれ少なかれ悪影響を受ける。ＳＣＭ担当者は、迅速な初期対応を心がけなければならない。
流通課題	対策としては、中国の金融機関は、ふだんから健全な経営を実施するのは当然として、ストレステストを実施するなど、預金者とコミュニケーションを取っておくべきであると結論づけられている。
許認可	中国の金融機関は、地域経済の担い手でもあり、最後は警察まで動員して騒動をおさめている。リスク管理として警察などとの連携はふだんから考慮しておく。
教訓	顧客とのコミュニケーションに関する教訓は、どの企業にも参考になる。

5章

事例から学ぶＳＣＭの課題

りもしない噂を流されて無視していたらそれを認めたと解釈されて、さらに他の国やユーザーにも騒動を広げてしまったという苦い経験があります。もともと問題のないことでもこの調子ですから、その企業に少しでも原因があるのであれば、余計に情報公開は適正にしなければなりません。

　３章でも説明したように、ネット全盛の時代はますます情報獲得能力と行動スピードが勝負になっていますが、中国の地方で起こっていることにまで、感度を磨いておかないといけない、という教訓です。

5-7 ＡＩと経営とＳＣＭ

 ## 経営判断にもＡＩを活用する!?

　2015年ころからＡＩ（人工知能）活用の話題が盛んになってきて、いよいよ経営の中枢までにＡＩのほか、ＩｏＴ、ＲＰＡなどのＩＴ活用を加速化させる動きが目立ち始めました。量子コンピュータ実用化も大きな刺激となりました。

　大企業では、このような技術に対応する専門家を1,000人、2,000人体制にするというニュースも入ってきています。つまりは、「**経営のデジタル化→ＳＣＭのデジタル化**」が進んでいくということです。

　ＳＣＭ関連部署におけるデジタル化に関する検討事項は次の２つのです。

①**既存の業務の効率化のさらなる徹底**

②**新しいビジネスチャンスを探っていく**

　こういった急激に進歩している技術についていくには、いかなる大企業といえども、思い切った組織改編で乗り切る決意が必要であるということです。

　ＳＣＭのデジタル化というのは、急に沸き上がった議論ではありませんが、現在の流れは、経営の中枢にまで入り込んで、経営判断にも参加させようという動きになっています。

　経営の課題はＳＣＭの課題でもあるので、当然のことながらＡＩの技術動向には注目しておかなければなりません。ただし現在のところ、大きな流れとして重要な経営判断にもＡＩを使うという意気込みはありますが、実際に活用されているのは、契約書のチェック、業務のムダや重複の見直し、需要予測のサポートなどであり、経営判断といってもサブ的な位置の仕事という範疇を超えていないのが

◎ＡＩ活用に関するＳＣＭの課題◎

課　題	内　　容
ビジネスモデル	人工知能（ＡＩ）の活用を各社が本格化してきた。大企業のなかには、1,000人以上の専門家体制を敷くと宣言している企業もある。ＡＩに対する期待感は高い。
開発コスト	ＳＣＭのデジタル化は将来的に避けて通れないことであるが、現状は経営システムの中心で活用される見通しは小さい。既存のシステムに組み込むにはまだ課題が多く、時間と費用がかかるといわれている。
流通コスト	ＳＣＭの課題に対して費用対効果をみたとき、既存の効率化だけでなく、付加価値の創出（新しい運送方法の確立など）も伴うのが現実的な解である。
許認可	ＡＩ技術を適用するには、無人運転のように許認可が必要なものもあり、提案内容に対して信憑性をどう証明するかなどの課題も多い。
教訓	ＡＩの技術とその応用は今後も伸びるため、組織的に取り込む動きは広がる。

現状です。

　たとえば、ＳＣＭの効率化といっても、ＡＩが本業の効率化に加え、財務分析や人事評価、設備投資の判断などに資するためには、少し時間がかかりそうです。現状のしくみにまで切り込むのは、ＡＩといえどもチューニングには時間がかかるということです。

　自動運転車による商品配送など既存のしくみにしばられない新しい取組みに対して、ＡＩ活用を中心にすえておくことが高い付加価値を生むと考えられます。

5-8 ネット販売とスーパー

 ## 無店舗型スーパーは日本でも成功するか

　日本の大手スーパーが、ネット販売にも取り組む事例はよく報道されています。ネット販売の威力は明らかなので、大手スーパーが取り組むのは当たり前のことです。

　海外のスーパーと日本のスーパーの事業展開の違いは、ＳＣＭにとって興味のある課題です。読者の方も、海外の大手スーパーが日本市場だけは攻略できないというニュースを見聞きしたことがあると思います。

　たとえば、アメリカでは断トツの売上を誇るウォルマートが西友を買収して、ウォルマート流オペレーションに変えても成功した話は聞きません。一方、日本のスーパーが海外に行って大成功したという話も聞きません。どうやら２つの異文化は、相いれないようです。

　しかし、いまがそうだから将来もそうかというと、それは断言できません。日本のスーパーは進化を遂げていますが、海外のスーパーも進化しています。また、インターネット販売や専門量販店の増大が、スーパーの牙城を脅かしているのは日本も海外も同じです。将来、大きなカギを握ると思われるのは**生鮮食品の小口搬送**です。

　海外のネットスーパーは、「店舗なしセンターオペレーション型経営」で業績を伸ばしています。店舗型に比べて圧倒的に品揃えがよく、スマホで注文を受けると集荷したセンターでロボットなどを駆使して効率的にピッキングして、正確に早く配送するという形態で大いなる成功をおさめています。アマゾンが世界一の本屋さんになったスタイルと似ている気がしますが、家電量販店も結局はこのスタイルでアマゾンに首位を譲っています。

◎スーパーに関するSCMの課題◎

課題	内容
ビジネスモデル	無店舗ネット販売型スーパーが海外では勢力を伸ばしている。しかし日本では、このやり方は学習対象にはなっても、導入されるまでは時間がかかりそう。
開発コスト	海外のネットスーパーは進化を続けており、一般型スーパーに比べて圧倒的な品揃えで早くて正確に各家庭に届けている。ローコストオペレーションの確立であり、どこかアマゾンのスタイルを感じる。
流通コスト	いくら安くても、スマホで購入して、ロボットが選別してくるような生鮮食品スーパーが、日本で広がっていく可能性は低い。
許認可	流通網に心配はあるが、将来、克服できないものではないだろう。
教訓	日本の食文化、商慣習というものはあるが、消費者を満たしてくれる技術が開発されれば、日本のスーパーも海外市場進出の武器になるチャンスがある。

　一方、日本の消費者は安全・安心の意識で、生鮮食品の鮮度には厳しい目をもって選別しています。生鮮食品を自分の目で確かめずに、ロボットが選んでくるようなものをスマホで買うという気にはなれないでしょう。

　しかし、いま新たなネットスーパーが日本人の鮮度へのこだわりも満たしてくれたら、話は変わってきます。ＡＩやＩｏＴの力は、いつかこの課題を克服してくれるはずです。そのための準備をいまから始めても、早すぎることはありません。これは、生鮮食品以外にも起こっている事例といえます。

5-9 「ミートレス」の破壊力

 肉なしハンバーガーはなぜ売れる？

　テクノロジーが既存の市場を変えていくという事例はあちこちで見られますが、「ミートレス」の台頭もかなり大きな影響力のある事例です。近年、テクノロジーを使って研究室で肉を開発したり、植物由来の原材料を使った肉をつくったりするベンチャー企業の人気が高まっています。

　2019年には、大手バーガーチェーンのミートレス版「ハンバーガー」が発売されましたが、これは牛肉の代わりに植物肉を使ったハンバーガーです。このような代替肉の動きはいまに始まったことではありませんが、最近では乱立しています。

　ただし、いまのところ肉市場は健在です。魚肉由来の食品は多いですが、人間は消費カロリーの３割を牛肉、鶏肉、豚肉などの肉製品から摂っているとされており、その世界市場は200兆円といわれています。その市場において、なぜ「ミートレス」の話題が出てきているのか、騒がれる理由は６つあります。

①都市化と人口増加で中間所得層の台頭により、肉の消費量が増加
②代替タンパク源に移行すると環境に及ぼす影響を軽減できる（食肉ビジネスには飼料の生産が含まれるので膨大な土地が必要）
③消費者がより健康的な代替食品を求めている
④農業とバイオ技術の進歩によるハイテク製品が誕生してきた
⑤肉の消費にまつわる宗教上・倫理上の問題を軽減できる
⑥代替肉により汚染（抗生物質など）を減らせる可能性がある

　これらの理由から、食肉のバリューチェーン（価値連鎖）は、いずれ大幅に簡素化される可能性があります。「代替食品」を開発する研究室が、農場や飼育場、食肉処理場に広がっていく可能性もあ

◎ミートレスに関するＳＣＭの課題◎

課　題	内　　容
ビジネスモデル	需要は多いが、チップ、ハンバーガー、粉末などのどの形態でビジネス展開するのかが課題。どこが勝利者になるのかは不透明。
生産コスト	「原材料調達→運搬→加工」のどの段階でコスト削減を行なうのか、自動機械も開発・調達は可能か、原料の調達地でどこまで下処理をして消費地ではどの程度の製造工場をつくるのか、など課題は多い。貯蔵や品質管理方法の確立も重要。
流通コスト	流通の形態はどうなるのか、現在の食肉に比べて流通経路の簡素化は可能か、などが課題。
許認可	特に、米国や中国の当局による食品規制が壁になるだろう。米中の大きな市場の動向が、他の国の普及にも影響する。
教訓	投資家も大きなビジネスチャンスと考え、食肉市場の変革は投資意欲も高い。

ります。環境汚染問題などへの監視も厳しくなり、追い風が吹いています。大手の投資家も、このような研究や開発に100億円、200億円という多額の資金を投資しています。この市場は魚肉の流通も含めて、もっと大きなものになっていくことは間違いありません。

　問題は、消費者が受け入れられる味かどうかもありますが、食品の場合には、認可されるかどうかが必ず立ちはだかります。さらに、生産コストや流通コストが普及のネックになる可能性が高いでしょう。

　この市場の行方は、流通経路の革新事例としても大いに参考になるはずです。

5-10 金融手法と発展途上国の支援

 発展途上国で必要なものをどのように供給するか

発展途上国が必要とする資材があっても、高価なため購入できないケースは多々あります。2019年には、英政府系開発金融ベンチャーが、アフリカ諸国が今後4年間に3,500万張りの長期残効型防虫蚊帳を購入するための金融保証契約にこぎ着けたというニュースがありました。

これは、アフリカ諸国が苦しむマラリアを撲滅する努力に効果のある金融手法を開発した結果でした。

アフリカ諸国では一般的に、資金力がないために病気・貧困・飢餓から抜け出せずにいる人が数多く存在します。殺虫効果のある成分を練りこんだ「長期残効型防虫蚊帳」のような製品は、存在を知っていても高価なためになかなか大量購入できませんでした。

高い技術を導入するときの資金調達は、常に発展途上国にとっては課題です。結局、いまでも中国のような援助ビジネスがまかり通り、汚職やマフィアの介入から抜け出せないでいます。

金融メカニズムを使って、新しい医療製品を、それらを最も必要とする人々の手に入りやすくするための「市場形成型」援助の例がニュースとなりました。独自の「共同調達」システムを開発した例です。

このようなメカニズムは過去にも存在していて、エイズ・結核・マラリア対策やワクチン提供などで独自のシステムを開発し、複数の国の調達をまとめることで数量を増やし、買い手の交渉力を高めようというものです。この方式を利用すれば、低所得国に対して値下げしたとしても、全体の発注数量は大きくなるので、リスクが小さくなることでマイナス分は相殺されます。

◎発展途上国の支援に関するＳＣＭの課題◎

課　題	内　容
ビジネスモデル	発展途上国の問題を解決する技術開発の推進と、技術開発の原資を調達できる工夫がある。
開発コスト	大量に購入できればコストダウンも可能となるため、数か国の需要をまとめて受注して数量を確保することで、価格引下げの工夫ができる。
流通コスト	その商品を必要とする困っている人たちに、確実に行き渡らせることができるかが課題であり、サプライチェーンに内在する不正の温床をなくす必要がある。
許認可	技術援助国のしくみに組み込めるため、開発のハードルが下がり、市場展開のスピードが上がる。
教訓	仲介役が取引のリスクをなくすための金融保証を提供し、アドバイスをする。このことで需要と供給サイドの不確実性を減じる。金融手法で、発展途上国の援助とビジネス成功の両方が可能となる事例。

　開発国向けの新製品がせっかく承認されても購入されないという「技術革新の積み上がり」問題はありますが、上記メカニズムはこの問題に対処しようとするものです。普及しない原因としては予算だけでなく、問題に対する認識不足、非効率な流通、さらにはサプライチェーンにおける腐敗などがあります。

　こうした要因を克服して、大規模で透明なしくみをつくる努力をしないと、蚊帳に限らずどんないいモノが開発されても、それが必要な人には行き渡りません。このようなファイナンス面の工夫が世界レベルの問題解決につながるだけでなく、自社の技術が生きてビジネスとしても成り立つという事例です。

生産現場だけではないＩＥの活用

　「構内物流」の合理化を考えるのは製造部門の仕事で、ロジスティクスの重要な機能の１つです。構内物流は、「工場内物流」「場内物流」「マテハン（マテリアルハンドリング）」とも呼ばれますが、その主な仕事は、モノの入庫・保管・出庫、モノの運搬、ライン供給、出荷準備、容器管理、物流機器管理、在庫管理、生産管理、出荷管理などです。

　しかし本来、製造部門が行なうべき仕事は、工場内で上記のような仕事を極力発生させないように工夫していくことのはずです。

　理想は、「モノの移動がない」状態をめざすことですが、ただしどうしても工場内でモノの移動が発生してしまうことがあります。その場合には、その移動業務を極力、効率よくできないかを考えることが製造部門の仕事になります。ただし、これが本業であるように勘違いしている担当者もいるようですが、製造部門の本業はもちろん、モノをつくることです。

　物流改善は、インダストリアル・エンジニアリング（ＩＥ）の仕事になります。そのエンジニアは、「ＩＥr」とも呼ばれます。これは、２章のコラム（46ページ）で紹介した改善の担い手と同義です。

　ＩＥを直訳すると「産業工学」ですが、「経営工学」「管理工学」などとも訳され、つまりは経営管理や生産管理に活用する科学的な技術手法の総称です。

　ＩＥは、生産（作業）に関する科学的な手法を範囲としていますが、実際に行なう業務は広く、きちんとした境界があるわけではありません。

　ＩＥの基礎となる部分として有名なのは、作業研究（作業測定・改善）です。作業測定は、フレデリック・テイラーが20世紀初頭に発表した科学的管理法からなる時間研究に始まります。近年では、それが進化をとげて、作業や動作などの相互関係を「定量的」に分析して改善することなどに広く応用されています。

　現在では、動画技術やカメラなどで分析するのは当たり前のようになっており、生産現場だけでなくサービス産業や事務作業でも使われています。

6章

SCMとリスクマネジメント

Supply Chain
Management

6-1 リスクで傷つくサプライチェーン

リスク管理の重要性

　自然災害によってサプライチェーンが傷つく事例は、毎年のように起こっています。そのたびに「**リスク管理**」（**リスクマネジメント**）の必要性や不備が唱えられており、最近では、企業の経営管理や経営者の質の問題にまでなり、その対応の善し悪しは企業全体の存亡にも関係しています。

　ＳＣＭ担当者にとっては、当然ながら重要事項です。対策を打つにしても、被害をどの程度まで許容するか、あるいは許容できるのかは正解がないだけに、結論を出すのが難しい問題です。この章では、そのヒントについても説明します。

　「リスク管理」は経営の重点項目です。近年は、株主報告書にも記載されるのが常識になっています。そのため、実行のためのステップについても、さまざまな方法が提案されています。自社に合った方法を専門家と相談するのが適切ですが、一般的には、次のようなＰＤＣＡサイクルのプロセスになります。

---

①リスクアセスメントを行なう。すなわち、対象となるリスクをすべて洗い出して、分析して評価を行なう
②評価の内容を精査して対応策を検討する
③ＰＤＣＡサイクルであるので、対策をしっかりと実行し、結果を見直して内容を高めていく

リスクアセスメントとは

　リスクアセスメントは、「起こってほしくない可能性のある事象」

「リスク」とは起こる可能性のある嫌なこと。
たとえば、地震や竜巻など

リスクアセスメント

「発生する確率×そのときの費用金額」
によりリスクを鑑定すること

リスクアセスメントにより
対策の順番を決めていく！

地震が先か、洪水が先か？
その費用はいくらまでかけられるか？
リスク評価で対応を決定

6章

SCMとリスクマネジメント

に対して「その発生確率」と「発生時の被害額」を掛け合わせて、大きなもの順にリストアップして、その大きなものから対応策を検討していく手順で進めます。

　これは、情報リスクや環境アセスメントのような本章で述べるさまざまなリスクに対しても同じ考え方で対処します。リスクの評価方法は、時間とともに変化をするのが普通です。そこで、リスクアセスメントも定期的に実施しておかなければなりません。

6-2 そもそも「リスク」とは何か

 ビジネスにはさまざまなリスクがある

　リスクアセスメントを行なう際には、考えられるリスクを洗い出さなければなりません。では、「リスク」とは何でしょうか？

　この回答はかなり難しい問題です。世の中はリスクだらけだという人がいますが、サプライチェーンに限らず、世の中には安全という場所はなく、「危険」しかないというべきです。どこかに平和で安全な場所があるのであれば、そこへ移ればいいのです。しかし地球上には、そのような場所は存在しません。危険やリスクとどう立ち向かうか、どうすればその危険性を小さくできるのかという議論しかないのです。

　ビジネスリスクとは、本業で起こってほしくないリスクであるといえます。そこで、ＳＣＭにおけるリスクとは何かということを右ページの表に整理して洗い出しておきます。

　心配したことは、実際に起こってしまうものです。まして心配していないところから事象が発生すると、企業がいかに混乱するかは明らかです。対応策をとっておかないと、売上や利益に跳ね返ってくるばかりか、企業の存続さえ危ぶまれます。

 リスク管理のポイントは？

　サプライチェーンの混乱は経営問題としてとらえ、「人、もの、金、情報」で現象を思い浮かべながら多くのリスクを予想しておくと、それを整理して企業内での共有化がしやすくなるでしょう。

　たとえば、「重要な人がいなくなるリスク」があります。貴重な人材が失われるのは、企業にとって大きな問題です。社長と副社長がプライベートで同じ車に乗っていたために、交通事故で２名同時

◎リスクにはどんなものがあるか◎

自然災害に関すること	台風・高潮、水害・洪水、竜巻、異常気象、地震、津波、噴火、落雷、豪雪など
事件・事故	火災、爆発、停電、交通事故、航空機事故、列車事故、船舶事故、安全管理トラブル、設備トラブル、労災事故、輸送中の事故
法的な問題	盗難、有害物質、バイオハザード、危険物質の漏洩、安全対策、安全確認
人材関連	人種差別、ハラスメント、スキャンダル、労働争議・ストライキ、不正行為、横領・贈賄、背任行為、集団退職、過労死や自殺、不法就労、雇用調整、海外での事故
経営のリスク	情報管理、ネット障害、ウイルス感染、システムダウン、サイバーテロ、データ消失 知的財産権紛争、契約紛争、環境規制、環境汚染事故、規制違反、 廃棄物処理違反、リサイクルミス、社外（顧客との関係性）クレーム 製造物責任、リコール欠陥製品、企業内部統制関係、独占禁止法違反、カルテル、談合、インサイダー取引、プライバシー侵害、粉飾決算、巨額申告漏れ、虚偽申告、賠償請求、顧客・従業員問題
政治的なリスク	法律変更、テロ、暴動

に亡くなったという事例もあります。

　管理のポイントは、重要な人物を失うリスクをどのように低減して、もしそうなったらどのように対応するかを、あらかじめ決めておくことです。それを決めておけば、その企業の幹部たちはたとえプライベートでも同じ車には乗らなかったでしょう。経営者レベルでなくてもSCMに携わる人材のなかには、失うと企業にとって大きな損失になる人材がいるはずです。

　また、大事な商品が輸送時にダメージを受けるリスクもあります。サプライチェーン管理者にとっては、あってはならないことですが、リスクへの対応については、主にロジスティクスの観点から6－4項で説明します。

6章

SCMとリスクマネジメント

119

6-3 リスクはどのように管理するのか

ISOの取得とリスク管理

6-1項でリスク管理のプロセスについて説明しましたが、既述したようにリスク管理の考え方には次の2つのポイントがあります。

①リスクを特定してどのように「発生する可能性を低減」するか

②「起こったときの損害をいかに最小にとどめるか」を検討すること

リスク管理は、マネジメントの基本であるPDCAによる継続的改善の考え方を採用します。ビジネスリスク管理用の標準規格としてはISO31000が定められているので、これを参考にするべきです。ISOの基本的な考え方は、前項で示したさまざまなリスクをどう認識して、どうすればその危険性を低減できるのかを整理して、関係者に徹底しておくことを基本としています。

注意が必要なのは、ISOを取得していることと、その企業体制が十分であるかは別問題であるということです。ISOは、いまよりもよくなる方向性を示しているだけで、その企業のレベルを決めているわけではありません。企業のリスク管理レベルがどの程度にあるべきか、自社で目標を立てないと管理はできないのです。

リスク管理担当者が行なうべきこと

サプライチェーンの被災により部品供給が遅れるとか、特定技能を有する技術者の不在により事業を計画どおりに遂行できなくなるリスクがあります。SCM担当者は、自社のリスク管理だけでなく、サプライチェーン全体におけるリスクをコントロールしなければなりません。他社を評価するときには、ISO認証だけで判断せず、実態のレベルを評価する必要があります。

◎ＳＣＭ担当者の日常業務◎

各部門の 情報チェック	各部門の リスク強化の 進度チェック	トラブルの 原因究明
⬇	⬇	⬇
経営トップ などとの 情報共有	計画の強化と 手直し	適正な措置を 実行

重要なのは緊急対応への備え
現実には、多くの可能性がある事象
を緊急対応に依存することになる。

　そこで、リスク管理担当者がやるべき基本業務をまとめると、次のとおりです。

① リスクアセスメントの手順作成と定期的な実行
② リスク管理する際、日常には何をするべきか？　⇒日常管理
③ 緊急事態が起こったときのために何を準備するか？　⇒ＢＣＰ（事業継続計画）作成
④ 危機に陥ったときの管理をどのように進めるか？　⇒危機管理

　これらすべてを自分だけでやることはできないので、役割分担を明確にして、その責任者から定期的に報告を受けて何か気になる事象が発生すれば、直ちに行動に移すことができるような体制を構築する必要があります。

6-4 リスク対応事例の情報の取り方

海外の事例を参考にする

リスク管理を行なうについては、実例がないと実感を持てないものです。たとえば、英国規格協会（ＢＳＩ）からの報告書「Global Supply Chain Intelligence Report」は、広い視野によるサプライチェーンに関するリスクを世界規模で俯瞰しています。

海外に広がるサプライチェーンに支えられたビジネスは、災害や事故だけでなくさまざまなリスクにさらされています。

事例をもとにリスク管理について議論するときには、このような海外の事例が参考になります。日本の事例だけでは広がりや深みが限られてしまうので発想の転換にはならないし、グローバル時代なので国内企業でも海外の影響を受けることから、海外の事例を参照すると他のメンバーとの議論もやりやすいでしょう。

この報告書では、労使紛争、環境問題、企業の社会的責任（ＣＳＲ）や人権問題などがリスク分析評価されています。製品の製造を委託した先の工場で児童労働が行なわれていた、契約した物流会社のコンテナが薬物の密輸に利用されていたなどといった事例はもはや不思議ではないかもしれません。

しかし現実には、このような事実が明るみになり、事業を中断させられた、多額の制裁金や賠償金が発生したといった事態が中小企業にも起こっています。欧米のような先進国にも意外なリスクがありますし、情報の少ない地域のサプライヤーやビジネスパートナーに関しては、特にリスク情報を把握する必要があります。

信用調査を利用する方法もある

もちろん現在は、ネットで調べると多くの情報が獲得できますが、

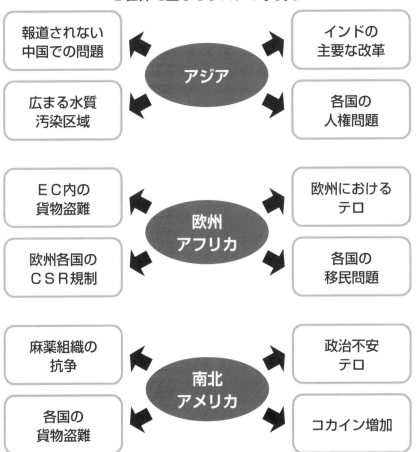

◎世界で生じるリスクの事例◎

報道されない
中国での問題

広まる水質
汚染区域

アジア

インドの
主要な改革

各国の
人権問題

EC内の
貨物盗難

欧州各国の
CSR規制

欧州
アフリカ

欧州における
テロ

各国の
移民問題

麻薬組織の
抗争

各国の
貨物盗難

南北
アメリカ

政治不安
テロ

コカイン増加

個々の政府や企業情報となるとさすがに限界があります。日本の企業は、あまり信用調査という手段を使わないのですが、海外企業の調査でも1件2万円台からでもベーシックな資料を入手できます。

　自社に必要なデータをリーズナブルな費用でまとめてもらえるサービスもあります。また、6-10項でも説明しますが、保険会社の情報網を利用すると、具体的な事例を知ることができます。

　いずれにしても、他の企業がどのようにリスクに対応しているのかを知ることは、自社に有益であることに間違いありません。

6-5 地震、津波、台風、水害など自然災害のリスク

企業に与える影響も大きい

　圧倒的に影響の大きいのが**自然災害**です。ＳＣＭでも最大の関心事です。この10年間でも台風や地震による大きな被害が多数ありました。報道されなくても、企業にとって大きな痛手となった自然災害は数知れません。これは、海外においてもまったく同じです。

　地震や台風の危険はよく理解しているつもりでも、実際に起きると想像をはるかに上回る被害が出るのが自然災害のリスクです。どんな事例があるのかはいちいち説明する必要もないでしょうが、自然災害についてよく知っておくことは、リスク管理のための重要な一歩です。

　「リスク管理　台風」「リスクヘッジ　地震」などの用語で検索すると、さまざまな事例や対応策が示されているので、自社に合ったリスク評価を行なって対策を考えるとよいでしょう。

特に水害に要注意！

　日本は、地震国だとか火山国だとかいわれていますが、それなりに対策ができているため、まだ被害は限定的であるといってもいいかもしれません。6－8項でも紹介しますが、ビジネスやサプライチェーンのリスクを考えるときには、情報の少ない海外の事情も理解しておかなければなりません。

　リスクのなかでも、ビジネスにおいて注目が必要なのは「**水害**」です。水害は、相対的に軽く見られている事例が多いようです。

　ビジネスは基本的に人が住むところで営まれます。したがって、企業の立地は海岸や水辺に集中しているわけで、まさかというような場所でも洪水や浸水被害が起きています。火山地帯や砂漠のなか

◎災害リスクの地域面積と地域内人口◎

対象災害	災害リスク地域面積	災害リスク地域内人口
洪水	約20,000km² （5%）	3,600万人 （30%）
土砂災害	約60,000km²（16%）	600万人 （5%）
地震災害（液状化）	約50,000km²（13%）	6,000万人 （45%）
津波災害	約20,000km² （5%）	2,500万人 （20%）
地震を含むいずれかの災害	約130,000km²（35%）	9,500万人 （75%）

6章
SCMとリスクマネジメント

に事務所や工場がある例は少ないのです。

　水害は、企業自体への直接的なダメージも大きいし、事務所や工場自体が被害を受けなくても、周辺地域の交通網、電力などのインフラ設備などに被害が及ぶため、事前に被害の大きさが読みにくいということもいえます。

　特に、日本企業は「停電」の経験が少なく、「水害に起因する停電」というリスクが思い浮かばないこともあり、それに対する備えが弱いのです。しかし、災害が起きるといまだにあちこちで停電に困っているニュースが報じられます。時間がたつとすぐに忘れてしまい、海外進出しても停電対策を怠る傾向もあります。

　国土交通省国土政策局のデータによると、日本の災害（洪水、土砂災害、地震震動災害、地震液状化災害、地震津波災害）リスクのある面積・人口の割合は上表のようになっています。国は「ハザードマップポータルサイト」を設けてリスク管理を促しています。人口比でいえば、国民の大半が水にからむリスクに直面しています。水にからむ災害の場合には、たった１か所の土砂災害で道路が封鎖されても、工場にとっては長期間の操業停止に追い込まれるケースも出ています。

6-6 トラックなどの事故のリスク

トラックなどの事故リスクを想定しておく

　4章のロジスティクスのところでも解説しましたが、リスクという
と、輸送に関することが大きな課題の1つになっています。たと
えば、日本のトラック輸送産業の市場規模は、いまや約16兆円と、
「生活と経済のライフライン」として、産業活動や国民生活に不可
欠な存在です。

　トラックに限らず交通インフラの混乱は、ささいなものでもサプ
ライチェーンの断絶につながります。

　日本だけでなく事故のトラブルは世界中あちこちで起こっていま
すし、渋滞によるロスは企業のみならず大きな損失になっています。
加えて、自然災害が起こったときには、ライフラインを守る手段と
して輸送が重要になります。

　当然、多くの企業はトラックなどの事故に対して未然に防ぐ手立
てを考えているはずですが、輸送自体をゼロ化するのは不可能でし
ょう。

　したがって、費用対効果を考えながら、なるべく事故や渋滞の少
ないルート選定をして、安全体制を確保した会社に発注するという
ことになります。

　トラック運送業では、交通事故リスクは避けられませんから、事
故が起こっても被害を最小化する運行体制をとるとか、荷物に保険
をかけておくなど、なかなか見えにくいところのリスクヘッジ策ま
で考えておくことがリスク管理のポイントです。

運送業界に必要なリスク管理とは

　ＳＣＭ担当者が、トラックに限らず運送会社に対して管理すべき

◎運送業界の輸送およびＳＣＭ日常業務の管理ポイント◎

人材育成

- 安全教育
- 飲酒運転の防止
- 健康管理

組織対応

- ドライブレコーダーの設置
- 運行管理
- 作業ルールの策定

環境対策

- エコドライブの励行
- 数値目標の設定
- 省エネ対応

事故防止で重要なのは設備や装備の充実

人手不足・輸送効率・環境配慮が要求されており、
設備やＩＴ化で対応することは必須の業界です。

ポイントは、次のような点になります。

①法令を遵守し、
②適切な内容・運賃・時間で事業を行ない、
③従業員に適正な運行計画を提供して、十分な給料を支払い、
④故障・事故・トラブルがないように、輸送機器を点検し、講習を行ない、
⑤トラブルが起こったときのために、対策を講じ準備しておくこと

　運送業界は、常に人手不足が叫ばれながら、貨物量は順調に増加している業界です。労使紛争などはなかなか見えにくいので、具体的なリスクの内容は労務管理体制などで判断することになります。

6-7 事件・犯罪などの経営リスク

 内部統制体制の必要性

　企業の財産を盗むことは、どの国においても当然、犯罪行為であり発覚したら逮捕されるのですが、企業は常にこうした犯罪行為にさらされています。宝石強盗のように外部から企業財産を狙われることもあり、内部の人間が法を犯す行為をすることもあります。

　当然のことながら、内外の両方に対してしっかりとしたセキュリティ確保が必要です。また、内部犯罪の防止にはハード面（防犯カメラ・ガードマンの配置など）とソフト面（セキュリティ教育、ルールの整備・徹底など）の対応が必須事項です。

　やっかいなのは、内部犯罪の防止です。リスク回避を徹底させるには、内部管理体制をつくり上げ、社長を中心に組織的に対応しなくてはなりません。そこで、「**内部統制**」の議論が2000年ころから盛んになり、現在に至っています。

　どの企業も熱心に取り組んでいるのですが、ほころびは意外な場所で出てくるもので、「内部統制」に関連する課題はいまでもたびたび出てきます。どこからどんなほころびが出てきても、ＳＣＭ担当者にとっては喫緊の課題として頭を悩ませています。

 内部統制に関する用語の意味を知っておこう

　内部統制の「体制整備」といっても、実際には何をすればいいのかが問題です。内部統制に関係する用語は、右ページ表に示したようにビジネスの世界以外にもあふれており、経営者でも要点をしっかりと把握できていない人が少なくありません。

　たとえば、法律を守るという最低限のことでも現実にはそれほど簡単な議論ではなく、ルールの整備や監視体制をどう整備するかは、

◎業務の適正を確保するための体制構築用語◎

知っておきたい用語	内　　容
企業統治 コーポレート・ガバナンス	内部統制のなかでも利害関係者の利益を守るための取組みを指す。情報開示という点でガイドラインが示されており、内部の努力をみることができる。
CSR （企業の社会的責任）	Corporate Social Responsibilityの略で、企業が倫理的観点から事業活動を通じて、自主的に社会に貢献する責任のこと。
コンプライアンス体制 （法令遵守と企業倫理）	「コンプライアンス」は「倫理法令遵守」とも呼ばれ、法令とは別に社会的規範や企業倫理（モラル）を守ることも含まれる。
内部統制	事業活動にかかわる従業員すべてが遵守すべき社内ルールや、徹底させるしくみ（システム）を指す。
J－SOX法	企業に係る財務計算に関する書類情報の適正性を確保するために必要とする体制を規定したもの。

（※）　上記用語は、外部環境である経済情勢やパートナーの動向に対する監視を行なうことで、自社に与える利害を分析し、対処することも示している。

いくつか選択肢をあげて比較し、決めなければなりません。

　経営リスクの多くは、社内のこのようなしくみを適正に構築することで防止します。ルールを守らせる、それを徹底する、業務内容を監視する、それをまとめて報告する、といった行為で成り立つわけです。SCM担当者は、自社内の体制だけでなく、関係会社の体制も評価しなくてはなりません。もちろん、1人でできることではないので、役割を決めて情報交換を円滑に行なわなければ実態把握は難しいでしょう。

6-8 暴動、テロなど 政治的問題のリスク

海外で発生するリスクは想定しづらい

前述したように、紛争・デモ・暴動・ストライキによるビジネスの混乱は、いまも世界中のあちこちで起きています。日本企業でも、海外拠点の運営だけでなく、海外駐在員の安全確保・原材料確保・関連企業の動向・輸送の確保など問題はたくさん出てきますし、国内企業でもサプライチェーンとなると海外の問題は他人事ではありません。

このような紛争が発生する要因は、国や地域、事例によってさまざまです。民族や宗教の違い・格差の存在があることに加え、ちょっとしたきっかけで騒ぎが発展することもあるため、リスクを想定することが難しいことも少なくありません。

フランスでは税金問題、香港では条例の制定などがきっかけで、人や物の移動に大きな影響が出ているのは身近な例です。どこまで大きく広がるのか予想がつかないのもこういう問題の特徴です。

リスク管理として実践すべきこと

政治や社会の問題に対応するためには、情報収集が最も重要なカギとなります。そもそも、情報はたくさん入ってきますが、海外の情報はふだんから意識して集めておかないと、いざというときには役に立ちません。特に、担当者ともなれば情報網を構築するために現地に行くことが必要です。

しかし、会ったこともない人や見たこともない地域の情報を整理するのは誰がやっても難しいでしょう。そこで、以下のことを実践します。

①危機対応の原則・行動方針を共有化…何か起きたときには、当該

◎政情変化リスクへの対応のしかた◎

暴動やテロから
サプライチェーンを守る

予見するにも、対策を取るにも
情報が一番重要

情報獲得の要は
地元の人々との日常のコミュニケーション

サプライチェーンを守る
地元自治体・日本政府と
の密な関係

サプライチェーンを守る
従業員を含む地元住人と
の日常会話

国・地域から駐在員・家族・出張者を緊急避難させることが必要になるが、これは事前に方針を決めておかないと迅速な行動はできない。

②**情報収集体制の構築**…当然のことながら、休日や夜間でも関係なく収集にあたる必要がある。窓口を一本化すること、通信手段を複数持つこと、報告内容を決めておくことなどの準備が必要。

③**政情変化リスクの評価・分析をふだんから実施**…定期的に関係者を交えて勉強会を開くなど、いざというときに何をするかだけではなく、情報交換や情勢分析を話題にしておくだけでも準備となる。

6-9 危機対応の原則・行動方針を共有化する

具体的なリスク対策の構築のしかた

リスクを回避するために重要なことは、前項で説明したように、原則や行動方針を作成して共有化することです。

ここでいう「原則」とは、経営上の原則のことを指します。リスクの度合いによっては、投資額の追加や事業の撤退など、経営判断まで含む内容も出てきます。したがって、経営方針を確認して、社員が納得して理解できる内容にしておかないと迅速な行動にはつながりません。あまり複雑なルールをつくってしまうと、さらに議論のための議論が始まってしまいます。

原則や方針を確認したら、具体的な対策を作成します。右ページ表にあげた5つの観点から、最適の対策手段を選択することになります。

たとえば、新たな物流倉庫を建設するという事業推進時には、倉庫の規模や機能を決めるとともに、どんなリスクが存在するのかを検討します。自然災害の可能性は評価できているか？　建設する場所のアクセスに問題は出ないか？（＝リスク軽減議論）、リスクを分散できないか？（＝二重化議論）、被害は保険でカバーできるか？（＝保険）、停電対応や情報セキュリティ対策はできているか？（＝BCP議論）などの問題をプロジェクトで解決しなければなりません。

社員にも周知させておく

具体的なリスク対策を作成する際には、取締役会などに諮るための事業計画を策定するときに、リスク対応計画も含めるケースが多いようです。したがって、基準や行動方針を右ページ表の5つの観

◎リスク対策を実行する際の5つの手段◎

	リスク対策の手段	内　容
1	リスクそのものを軽減する打開策	津波やがけ崩れなどの可能性が払拭できないときは、建設場所を再検討して致命的な問題を回避する。
2	二重化で防衛する	同じ機能を2か所に分散する。企業データを2か所以上で管理するなどと意味は同じ。
3	保険をかける	保管する製品や建物などに損害保険をかける（次項参照）。為替リスクでいえば先物買い（為替デリバティブ）。
4	行動計画ＢＣＰを策定する	問題が起きたときの行動基準だけを決定してマニュアル化・共有化する。
5	事業から撤退する	適切な回避の見込みがどうしても見つからないときには撤収する。

点から明確に決めておきます。

　ただし、いい計画をつくってもメンバーに浸透させなければなりませんし、非常時には実際に行動できなければなりません。常日頃から研修会や見直し検討会、トレーニングなどを開催して備えましょう。

　現在では、安否確認システムを始めとして対応マニュアルを常時引き出せるようなクラウドシステムもありますので、専門のアプリケーションなども導入しておくと確実性が増します。

　なお、問題が起きたあとに、災害の状況を広く知らしめて、批判や中傷の起こらない広報を徹底するのもリスク管理担当者の業務です。

6-10 損害保険、輸出保険の活用

リスクに対する保険はかけたほうがいいのか

　事業活動を取り巻くリスクはたくさんあります。前項で述べたリスク対応の具体策の重要な選択肢の1つである「保険」について考えてみましょう。

　「リスク→保険」というのは、どの教科書にも掲載されている話ですが、保険に対しては、経営者の関心が薄い、費用が高い、保険会社に任せっぱなしなど、リスク回避の手段として浸透していない理由があるようです。保険には、いろいろな種類があり、それぞれシステムが複雑であることと、新たなリスクが次々に出てくるので、企業側もついていけない面もあるようです。

　しかし、いま保険はかけておかないと、それを代替する案がない場合が多いのです。問題が起こってから保険をかけていなくて後悔する事例は珍しくありません。

保険内容をよく理解することが大切

　まずは、損害保険や輸出保険などの「ビジネス保険」を検討することが第一歩です。これらの保険は、ビジネスにおけるいろいろなリスクを踏まえて補償プランを提供してくれています。

　生命保険や健康保険についてはなじみがあっても、損害保険や貿易保険、海上保険、輸出保険などはほぼなじみがない人が多いでしょう。最近は、さまざまなリスクに対してまとめて補償してくれる保険も出てきています。保険の内容を検討すると、ビジネスリスクの知識も増えてくるので、ビジネス保険はＳＣＭ担当者には必須の知識といえます。

　たとえば、貿易においては通常の保険では補償されないケースが

◎ビジネスリスクを緩和する保険のポイント◎

賠償責任

ＰＬ賠償
リコール
情報漏えい
損害補償

事業休業

火災・爆発
食中毒
風水害
地　震

財産補償

商品・製品
建　物
屋外設備
装置・設備

労災補償

安全管理
疾　病
ハラスメント

工事補償

建設、組立て
土木工事
電気工事

など

保険証券

勉強会や研修会の実施が重要！

現実には多くの可能性がある事象を
１つひとつ地道に片づける

あり、それをカバーするために貿易保険や海上保険などがあります。相手国から資金が回収できないときや、海上輸送で事故があり、製品に損害が出たときなどは、サプライチェーンには大きなリスクとなるので、保険なしで事業を行なうことはないはずです。

　保険内容を理解するには、貿易のしくみから学ぶ必要がありますが、保険について勉強するといろいろな事例を知ることになり、リスク管理の理解も進みます。

6-11 BCP（事業継続計画）の策定

BCPとは何か

　「ＢＣＰ」（Business Continuity Planning：**事業継続計画**）とは、緊急事態に遭遇しても、事業を早期に復旧して継続することで、企業を守り顧客や取引先からの信用を向上させて、企業価値を高めるための準備を行なうことをいいます。緊急時に生き抜くために、事前の備えをしようということです。

　ＢＣＰは、リスクマネジメントの重要な施策の1つとして、政府や関係機関からも強く推奨されています。企業価値の維持・向上につながる手法というわけです。

　自然災害、大火災のような緊急事態に遭遇した場合に、損害を最小限にとどめつつ、中核となる事業の継続あるいは早期復旧を可能とするために、平常時に行なうべき活動や緊急時における事業継続のための方法、手段などを取り決めておく計画がＢＣＰです。

　自然災害に対する備えを強調されることが多いですが、現実的にはいろいろなリスクを想定してＢＣＰを作成することが重要です。さらに、計画をつくっただけでは意味がないので運用や見直しまで含めた「ＢＣＭ」（Business Continuity Management）といわれることがありますが、一般には「ＢＣＰ」でいいでしょう。

BCPの策定のしかた

　具体的に何をすればいいのかについては、「内閣府の策定ガイドライン」や「中小企業ＢＣＰ策定運用指針」などが公的機関から出されており、企業にも参考になるでしょう。ただし現実には、策定する際において難しい点がいろいろと出てきます。何をどの程度まで想定するのかも大変ですし、そのときに何をするのかも選択肢が

◎「事業継続力強化計画認定制度」（中小企業庁）にみる
事業継続力アップのしくみづくりとは◎

> 事業継続力強化計画認定制度は、自然災害にあっても事業を
> 継続していく力を持つ企業であると認定してくれる制度

次のようなしくみを備えていること

目 的	**具体策**	**リスク認識**
取り組む目的を明確にしている	災害から守るための具体的な対策を持っている	ハザードマップ等を活用している

初動対応	**管理体制**	**PDCA**
初動対応の手順を持っている	推進体制、訓練実施、説明責任が守られている	定期的に実行し、見直しする計画がある

多くあるので、専門家（コンサルタント）と共同して作成するのが
効率的です。

　企業で計画する際に忘れがちなのはファイナンスです。リスクが
具現化し、損害が生じてしまう場合に**何よりも心配しなくてはいけ
ないのは「お金」です**。必要な資金はいくらくらいで、どの程度の
現金を持つのか？　金融機関などとはどんな準備をする必要がある
のか？──前項で説明した保険だけでなく、デリバティブや直接投
資なども活用して、緊急時対応に要するコストや当面の財務インパ
クトを軽減させることまで含めた準備が必要です。これらのために
設備を購入するときには補助金などが活用できるので、それも含め
てしっかりと検討しましょう。

近江商人とＳＣＭの精神

　ビジネスの世界では、いろいろな場面で近江商人の「三方よし」の精神が引用されます。「商売において売り手と買い手が満足するのは当然のこと、社会に貢献できてこそよい商売といえる」ということを端的に表わしたいい言葉です。

　近江商人は、全国に行商して歩いて、近江の蚊帳（かや）を地方に持っていって売り、地方の特産物を京都・大阪に持ち込んで売るというビジネスモデルで繁栄しました。地方の信用も厚く、社会貢献も行なったので、その地で根づき、全国展開した情報網でさらにビジネスを強くしていったそうです。まさに、ＳＣＭを江戸時代にすでに実践している先例といえます。

　そこで、彼らのビジネスにおける「リスク管理」とはどんなものであったか、という研究もされているようです。

　大阪のコメ市場の先物取引は、世界で初めて現われた形態で、これもリスク管理の代表例です。いまの日本では、先物取引というとギャンブルのようなイメージからよい印象は持たれていないようで、あまり活用されていません。しかし、安全な先物取引もたくさんあるので、現代でも活用すべきでしょう。

　近江商人には、「扱う品種を多くする」という戦略もありました。多種の商品を取り扱って、リスク分散することによって財を成した近江商人は、その商い方法が現代の商社の源流ともいわれています。

　実際、伊藤忠商事、丸紅飯田（現在の丸紅）、日商岩井（現在の双日）、兼松など近江商人系の総合商社が多いのも理解できるところです。ＳＣＭをしっかり行なっていないと生きていけない総合商社は、現代まで続く近江商人といえそうですね。

　近江商人は、その商才を同業者から妬まれ、伊勢商人とともに「近江泥棒・伊勢乞食」と蔑まれたのですが、実際の近江商人は神仏への信仰が篤く、規律道徳や陰徳善事を重んずる者が多く、神社仏閣に私財を寄進したり、地域の公共事業に投資したりした逸話も数多く残されています。そんなところまでＳＣＭの精神を先取りしているようです。

7章

サプライチェーンが貢献する
SDGsの課題

Supply Chain
Management

7-1 サプライチェーンと SDGsの関係

SDGsとは何か

　SDGsとは、「Sustainable Development Goals」（持続可能な開発目標）の略称で、「エス・ディー・ジーズ」と読みます。

　国は、大企業がサプライチェーン（供給網）全体でSDGsへ配慮することを求め、取引のある中小企業にも対応を求めています。政府は、SDGsを軸に地方創生の取組みを強化しているわけです。

　この取組みは、消費者にも浸透しつつあり、企業も環境や社会に配慮した商品を選別するようになってきました。

　いま、サプライチェーン全体にCSR（企業の社会的責任）基盤を強化する動きが活発になっています。そして、CSR基盤の強化にSDGsを活用する企業が増えています。SDGsは、政府・大企業には大きな影響を与えており、これからのあらゆる企業活動に重要な要素となります。

　このような動きは、最近になって大変な盛り上がりをみせています。しかし、大企業を中心にあまりにもあちこちに出てきており、全体を把握するのが難しくなってきました。この章では、このような動きをふまえてSCMとSDGsのかかわりを中心に説明していきます。

SDGsに関する変遷

　SDGsの動きについては、CSRの観点から確認しておきます。関係する年表を右ページに示しましたが、いろいろな事象や事件から企業の社会的責任が唱えられるようになったのは1970年ころからです。約40年の活動期間を経て、その後もさまざまな不幸な事件などもあり、徐々にその精神が浸透してきて2010年代に具体的な動き

◎ＳＤＧｓの動きに関係する年表◎

	内　　容	関連事項
1970年代	企業の社会的責任（Corporate Social Responsibility：略称「ＣＳＲ」）	ＣＳＲ
2010年11月	社会的責任に関する国際規格。規格番号 ISO 26000として発行	
2015年9月	採択された持続可能な開発目標（ＳＤＧ ｓ）を「持続可能な開発のための2030 アジェンダ」にて記載	国連サミット
2015年	日本の年金積立金管理運用独立行政法人 （ＧＰＩＦ）が国連責任投資原則（ＰＲ Ｉ）に署名。ＥＳＧ投資に動き出す	ＥＳＧ投資
2017年3月	「グリーンボンドガイドライン」を公表	環境省
2019年6月	政府としての行動指針「拡大版ＳＤＧｓ アクションプラン２０１９」を公表	外務省

となったのが、いまの姿であるといえます。

　次項でも説明しますが、現在では企業経営課題の中心的存在になっていますし、知らない人のほうが少ないかもしれません。

　ＳＤＧｓとは表にもあるように、2015年9月の国連サミットで採択された「持続可能な開発のための2030アジェンダ——我々の世界を変革する——」に記載された2030年までの国際目標のことです。ＳＤＧｓは、深刻化する現下の地球規模課題の分析を踏まえ、持続可能な世界を実現するための17の目標と169のターゲット、230の指標という広範な施策から構成され、17の目標はわかりやすいピクトグラム（絵文字）で表現されており、その説明や政府の取組みは外務省のホームページに詳しく掲載されています。

　ＳＤＧｓは、成長戦略を描くうえでの国際的な共通言語をめざしています。

7章

サプライチェーンが貢献するＳＤＧｓの課題

7-2 企業の社会的責任とSCM

そもそも「企業の社会的責任」とは何か

　企業の社会的責任（CSR）とは、企業が倫理的観点から社会に貢献する責任のことをいい、日本では、1970年代から使われるようになっています。

　一般的には、企業の社会的責任は企業の社会的貢献や企業イメージの向上を図るためのものととらえられてきましたが、近年、特に企業不祥事などが発生すると、企業統治の実現や法令遵守についてCSRとからめて語られることが多くなっています。不祥事などを起こさないことはもちろん重要ですが、何か起こったときにCSRの観点による対応を誤ると、サプライチェーンやステークホルダーにまでマイナス影響を及ぼしてしまう状況が生まれます。

　日本政府はかねてから、企業にこの考え方の浸透を支援していますが、圧倒的多数を占める中小企業の意識の変化にはまだ時間がかかるといわれています。ただし、日本企業はもともと石田梅岩の教えや近江商人の"三方よし"の精神から企業倫理を重要視する思想を受け入れる素地があるため、今後も着実に浸透していくでしょう。

CSRにおいて具体的に何をすればいいのか

　前ページの年表で示したように、あいまいであったCSRの活動はISO26000によって方向性が示されました。「社会に対する利益還元」として「法令遵守」「商品・サービスの提供」「地球環境の保護」等々、商品や環境に対する事項を取り上げて活動をしていくことが求められています。すでに多くの企業がこのガイドに沿って具体的な活動を行なっているので参考にするとよいでしょう。

　さらにいえば、国連による持続可能な目標としてSDGsが掲げ

◎ISO26000は７つの原則と７つの中核主題が国際的合意事項◎

７つの原則	①説明責任　②透明性　③倫理的な行動 ④ステークホルダーの利害の尊重 ⑤法の支配の尊重 ⑥国際行動規範の尊重　⑦人権の尊重	
７つの中核課題	❶組織統治	社会的責任の組織的統治
	❷人権	人権尊重の取組み。ダイバーシティの重視
	❸労働慣行	適切な労働慣行の実現。ワークライフバランスの実現
	❹環境	地球環境保全と事業活動との両立
	❺公正な事業慣行	社会のルールに則る公正な事業活動の遂行
	❻消費者の課題	サプライチェーンにおける品質確認や安全性の追求
	❼コミュニティ参画および開発	事業を通したコミュニティの発展への寄与

（※）　社会貢献活動（寄付、ボランティア活動など）は含まれない。

られるようになり、共通の言語ができたため、世界の多くの国でこの課題に沿った活動が活発になってきました。

　また2015年には、Ｇ７サミットの首脳宣言に、「世界的なサプライチェーンにおいて労働者の権利、一定水準の労働条件および環境保護を促進する」というように、「サプライチェーン」という言葉が入りました。

　世界的なサプライチェーンへの関心の高まりを受けて、多くの人々や機関がその監視を強めているわけです。

7-3 ESG投資とSCM

ESG投資とは何か

　ESG投資とは、従来の財務情報だけでなく、「環境」（Environment）、「社会」（Social）、「ガバナンス」（Governance）の3つの要素も考慮した投資のことを指します。

　カギとなるのは、前述の年表にも示したように、年金基金などの大きな資産を超長期で運用する機関投資家を中心とした人々が、企業の評価や、企業経営の継続性を評価するのにESGの要素を重要視してきたということです。ここまでいえば、読者の方々もなぜSCMがこの投資にからんでくるのか、理解できると思います。

　気候変動などを念頭に置いた長期的なリスクマネジメントや、企業の新たな収益創出の機会（オポチュニティ）を評価するベンチマークとして、CSRやSDGsが注目されています。ESG評価の高い企業は、事業の社会的意義、成長の持続性など優れた企業特性を持つと考えられるわけです。具体的には、投資家たちは投資対象企業のESG対応を確認するだけでなく、ステークホルダーやグローバル化しているその取引先にもESG対応の確認を徹底化しています。逆にいえば、**他社に先駆けてこのように対応すればビジネスチャンスが増える**ということになります。

SDGsを意識した環境債

　もともとESG投資については、SDGsの概念を意識した活動であり、感度の高い欧州が現在でも中心的な存在です。たとえば、注目されている「環境債（あるいはグリーンボンド）」は明らかに環境に焦点を置いた投資の形であり、遅ればせながら2020年には日本の投資額も1兆円に達する（2018年は5,000億円程度と推定）だろう

◎ＥＳＧ投資の現状◎

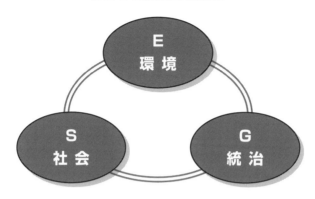

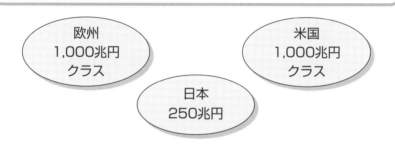

と予測されています。環境債の募集には、ＳＤＧｓのマークがしっかりと示されています。

　この債券は、調達資金の使途が環境関連に限定され、透明性が確保されることが特徴的です。こうした形の投資は、環境に特化した投資だけでなく、社会問題やガバナンスに注目した投資などに広がりをみせるでしょう。クラウドファンディングやふるさと納税なども、ＥＳＧに注目した投資の形態とみることもできます。日本の投資家や企業が環境問題に敏感であるうえに、投資としてのリターンが見込めるのであれば、将来的に投資額が伸びることは不思議ではありません。

7-4 どのようにSDGsを実践するか

 SDGsを実践するにはガイドラインを参考に

　前項まで、ＳＤＧｓとＳＣＭやＣＳＲ、ＥＳＧといった横文字の用語との関係性について説明してきましたが、理解できたでしょうか。では、これらは具体的に何をしろということなのか、理解を深めるために、段階的に説明を加えていきたいと思います。

　そもそも、**ＳＤＧｓを実践する方法に決まりがあるわけではありません**。ＳＤＧｓと自社の事業、関係者との理解を深めながら、それぞれのアプローチのしかたで取り組めばいいわけです。

　しかし、何から手をつけたらよいのか、やはりガイドラインがないと前に進みにくいでしょう。すでに多くの企業が取り組んで、その事業内容を公開している事例もたくさんありますので、それらの公開資料をガイドラインとして、実践していくのがよい方法です。

　ガイドラインの１つである、「SDG Compass　ＳＤＧｓの企業行動指針――ＳＤＧｓを企業はどう活用するか――」はよく参照されているようですが、理解しやすい構成になっています。

　その活用の考え方を整理しておくと、次のとおりです。

①**自社の製品やサービスがＳＤＧｓのどの目標や行動指針に合致しているかを示す**

②**自社のＳＣＭを通した活動がＳＤＧｓのどの目標や行動指針に合致しているかを示す**

③**自社の新しい行動はＳＤＧｓをいかに意識し、独創性に富んだ製品やサービスを産み出したかを示す**

　これらの考え方もまだ具体的ではないので、次項以降で事例を踏まえて詳しく解説することとしますが、上記③のような独創性を伴った新しいビジネス形態を産むことが、ＳＤＧｓにとっても人類の

◎ＳＤＧｓの１７の目標◎

目標１	あらゆる場所で、あらゆる形態の貧困に終止符を打つ
目標２	飢餓に終止符を打ち、食料の安定確保と栄養状態の改善を達成するとともに、持続可能な農業を推進する
目標３	あらゆる年齢のすべての人の健康的な生活を確保し、福祉を推進する
目標４	すべての人に包摂的かつ公平で質の高い教育を提供し、生涯学習の機会を促進する
目標５	世界中で女性と少女が力をつけ、ジェンダーの平等を実現する
目標６	すべての人々の水と衛生への利用可能性と持続可能な管理を確保する
目標７	すべての人々の安価かつ信頼できる持続可能な近代的エネルギーへのアクセスを確保する
目標８	包摂的かつ持続可能な経済成長およびすべての人々の完全かつ生産的な雇用と働きがいのある人間らしい雇用を促進する
目標９	強靭（リジリエント）なインフラ構築、包摂的かつ持続可能な産業化の促進およびイノベーションの推進を図る
目標１０	各国内および各国間の不平等を是正する
目標１１	包摂的で安全かつ強靭で持続可能な都市および人間居住を実現する
目標１２	持続可能な生産消費形態を確保する
目標１３	気候変動およびその影響を軽減するための緊急対策を講じる
目標１４	持続可能な開発のために海洋・海洋資源を保全し、持続可能な形で利用する
目標１５	陸上生態系の保護、回復、持続可能な利用の促進、持続可能な森林の経営、砂漠化への対応、ならびに土地の劣化の阻止・回復および生物多様性の損失を阻止する
目標１６	持続可能な開発のための平和で包摂的な社会を促進し、すべての人々に司法へのアクセスを提供し、あらゆるレベルにおいて効果的で説明責任のある包摂的な制度を構築する
目標１７	持続可能な開発のための実施手段を強化し、グローバル・パートナーシップを活性化する

目標達成の近道であると考えているようですし、企業活動との親和性も高い考え方です。

　ガイドラインは、全社員を巻き込んで経営の目標に組み込むことを示しているので、納得しやすい内容になっています。これを利用しない手はないということです。しかし、「言うは易し行うは難し」です。全社一丸となる行動を実践するにしても、多くの困難を乗り越えなければならないでしょう。

7-5 環境問題とSCM

 新しいビジネスがSDGsに貢献している

　環境問題の解決は、SDGsに関係する代表項目として目標7、9、11、12、13、14、15などに広く登場しています。気候変動への適応と緩和、生物多様性の保全などにバリューチェーン（Value Chain：価値連鎖）で対処し、新しいソリューションを提供することで、持続可能な社会の実現に貢献するのがSDGsです。

　ある意味では、SDGsで解決したい大きなテーマの代表と考えてもいいと思います。もちろん、環境問題の解決に関心の高い企業はかねてからたくさんあるので、自社でもすでに取り組んでいる会社は多いはずです。そこで、SDGsとの関連事例を紹介します。

　工場・物流の最適化や製品ロスの削減などは、真っ先に出てくる事例です。エネルギーの消費効率向上や資源消費・廃棄物の削減を通じて、環境負荷の低減に貢献します。さらに、内部活動として「サプライチェーンの高度化＝工場可視化（工場内省力化・省エネ、オンデマンド型製造で効率化）」など、輸送や移動サービスとして「カーシェアリング（ライドシェア）」、「宅配ボックス、ドローン／ロボットによる宅配」、「電気自動車普及」などの新しいビジネスモデルをSDGsへの貢献としている例も多く見受けられます。

　ある団体では、AI、IoT、ビッグデータ等の新技術がどのように環境側面および社会的課題に作用し、解決に寄与することを見える化するかをまとめている事例もあります。これは、ITがどのようにCO$_2$削減に貢献できるかというようなテーマ設定であり、「CO$_2$排出」とは直接結びつかない「情報技術」がSDGs達成にどのように貢献できるかを具体的に示した事例として参考になります。

◎ＳＣＭの環境貢献事業◎

目　標	![7 エネルギーをみんなに そしてクリーンに]	![13 気候変動に 具体的な対策を]	![15 陸の豊かさも 守ろう]
内　容	すべての人々に近代的なエネルギーへのアクセスを確保する	気候変動とその影響に立ち向かうため、緊急対策を取る	陸上生態系の保護、回復および持続可能な利用の推進など
貢献する社内活動	ISO14000準拠	●環境関連教育 ●環境保護テーマ	●植林活動など自然保護活動 ●生物多様性維持
貢献できるビジネス関係	●再生可能エネルギーの普及・拡大を後押しする保険商品の提供 ●Eラーニングなど通信教育 ●ＩＣＴ教材開発	●エコ商品の開発 ●再生可能エネルギー活用支援 ●農業森林保護支援サービス	●エコツーリズム ●灌漑設備 ●遺伝子検査 ●生態系配慮商品サービス

　「環境負荷低減→エネルギー利用効率化→新たなサービス実現」のように、新しい発想で新しい取組みをすることが期待される貢献です。

　特に、ＩＴやＡＩを使った環境負荷低減は、新たな解決策を見出すきっかけになることが多くあります。金融機関がこのような新サービスに積極的に投資することも、結果的には環境ＳＤＧｓ貢献といえます。

7-6 社会問題とSCM

社会問題はSDGsに貢献しやすいテーマ

　社会問題となると、どうしても貧困解消、格差の問題など社会的な弱者に対応する問題が真っ先に浮かびます。これは、目標1、2、3、6など生命維持に関するターゲットが関係するので、企業のSDGsになりやすいテーマです。

　目標1、2のような飢餓や貧困に関する事例として、新しい栄養剤を開発して自社のサプライチェーンを使って貧困家庭に配布する事業、ワクチンの開発、農業機械の開発、森林の維持などはこの系統になります。

　しかし、飢餓に苦しむ人々に食料を与えることや、弱者に対して金銭援助をするだけが問題解決の方法ではありません。世界銀行など主要な機関が最近注目しているのは、**食品ロス削減**に関するテーマです。世界の食品の3分の1は捨てられているという報告があり、この問題解決は飢餓や貧困などだけでなく、自然破壊・資源保護など、その他多くの問題解決につながる根本課題という位置づけになっています。

　解決のための具体策としては、輸送や保管に関する技術やサービス開発が関係します。つまり、せっかく食料品となっても適切な輸送や保管方法がないばかりに捨てられてしまうのです。この問題は、まさにサプライチェーンの改善によって達成しうるテーマです。

　また、より安全な社会を求めることも社会問題の解決につながります。社会問題は、少子高齢化対策・犯罪撲滅・インフラ整備など目に見える対策で解決できます。社会にとって有用な情報を集めて広く無償提供する、老朽化した文化遺産保護に寄与する技術開発を行なってアーカイブをつくるなどもそれにあたります。

◎ＳＣＭの社会問題貢献事業◎

目　標	1 貧困を なくそう / 2 飢餓を ゼロに	6 安全な水とトイレ を世界中に	12 つくる責任 つかう責任
内　容	貧困と飢餓に終止符を打つ	水と衛生への利用可能性と持続可能な管理	生産・サプライチェーンにおける食品ロス減少
貢献する社内活動	●農業資材の運搬 ●ロボット提供	●水浄化装置設置 ●公衆トイレ設置	●環境教育 ●余剰食品販売
貢献できるビジネス関係	●簡易食品の開発 ●食品の容器開発 ●農業機械 ●給食サービス	●上下水装置 ●水質管理 ●家庭用給水	●エコツーリズム ●廃棄物監視 ●貯蔵システム

（※）　そのほか、多くの企業がよりよいコミュニティ・社会の実現による幸福な生活の提供に貢献することでＳＤＧｓの目標3への貢献を宣言している。

　社会問題には、心の問題を解決することでＳＤＧｓに貢献するという事例もあります。心のストレスをなくす方策、心を豊かにする力を提供するなど、貧しくとも心豊かに生活できる施策も重要なテーマです。新たな楽しみやサービスにおいても、心の支えや技術の発展から取り残される不安やリスクを解消して、健全な社会の発展に貢献できるといえます。

　このような問題は、１つの企業で取り組む筋合いの問題ではない場合もあるでしょうが、社会に役立つものやサービスの開発だけで終わるのではなく、それを実践まで広げて活動することがＳＤＧｓに貢献する事例として注目されています。

　この現実的な実践行動が、ＳＣＭの働きとし大いに貢献するわけです。

7章

サプライチェーンが貢献するＳＤＧｓの課題

7-7 ガバナンスの問題とSCM

 内部統制の必要性

　ESG投資のなかで**ガバナンス**（統治）が注目されていますが、SDGsにおいても目標16はまさに**内部統制**に関するテーマです。「自社のSDGs目標を着実に行なうかどうかを内部統制で確認する宣言をする」ことが行なわれているという具体策です。

　また、内部統制に関係するビジネス・サービスとして、セキュリティ製品やサービス開発、ソーシャルネットワークを通じた情報公開支援、司法トラブル解決支援、内部統制監査そのものをサービスするなどのビジネスモデル事例があります。こういうビジネス展開も、SDGs目標達成に貢献する内容となります。

　SDGsの行動目標であろうがなかろうが、内部統制は企業の基本行動として必須のシステムです。企業の不祥事をみても、その企業のホームページには堂々と素晴らしい目標が掲げられているのに、実態は期待を裏切る内情が露見しています。内部統制ができていれば、不祥事は防止できたはずです。

内部統制システムに関する基本方針を決めよう

　内部統制で確認するべきことを整理して、目標として掲げ実行した結果を公表している企業はまだ多いとはいえません。しかし、これをしっかり報告することは企業として当然のことであり、社員教育の根本として浸透させるからこそビジネスも効率的に進みます。**社外から監視されるから行なうというものではない**はずです。

　内部統制で掲げるべき項目は多岐にわたります。そこで、システムを構築するステップとして多くの企業は次のようにしています。

　まず、「内部統制システムの整備に関する基本方針」を決めます。

◎ＳＣＭの内部統制貢献事業◎

目　標	
内　容	持続可能な開発のための平和な社会を構築する。すべての人々に司法へのアクセスを提供し、あらゆるレベルにおける反社会的な行為をなくし、不正・不公平性を排除する
貢献する社内活動	内部統制によりサプライチェーン全体で次の４つの目的が達成され、成果を監視するシステムを構築していく ①業務の有効性および効率性 ②財務報告の信頼性 ③事業活動に関わる法令等の遵守 ④資産の保全
貢献できるビジネス関係	●司法サービスの提供 ●家庭や企業の警備サービス ●ソーシャルネットワークの活用による情報開示 ●内部統制監査サービスの提供

　その基本方針をもとにして、「財務報告の信頼性」「法令遵守」「業務の効率的遂行」「資産保全」などの目的を明記します。目的に従って上表にあるような具体的な行動項目を定めることになります。その定めた内容について、「着実に実行しているか」「効率的に実行できているか」を内部監査して組織運営を担保するということです。

　また、特別な問題が起こったときは、そのテーマ専用の「内部監査」体制を一時的に構築することも必要となるでしょう。その体制は、本社で実施することも、地方や海外で取り組むこともあります。

7-8 人材育成・活用とSCM

■ いい人材がいなければSCMもうまくいかない

　人材活用については、どの企業も決して軽んじていることはないはずで、日本の経営者はCSRなどと叫ばれる前から人材育成には熱心に取り組んでいます。企業文化をつくるのは人であるという強い意識のもとに、多くの企業が人材開発に取り組んでいます。

　人材育成とは、たんに仕事のできる社員を育成すればよいというものではなく、会社の使命をよく自覚し、自主性と責任感の旺盛な人材を育成することです。いわゆる経営の必須要素として「人・もの・金」とよくいわれますが、そのなかでも企業の基幹をなしているのは「人」であることに間違いありません。「いい人材」がいなければ、CSRとかESGとかいっても空論になるだけです。

　したがって、SDGsには人材育成に関係の深い目標が3、5、8、10、11、12、14と数多くあります。特に、目標5は女性の地位向上、目標10は格差是正であり、SCMにも関連性のあるテーマです。

　なお、社内外の教育に関する活動をSDGsの目標として掲げる場合と、教育、生きがいづくり、eラーニング、通信教育、ICT教材、教育サービスの展開などの新たなビジネスモデルをSDGsの課題達成に含めている場合があります。

■ 目標達成のために実施すべき項目とは

　具体的にあげられる目標達成実施項目は、一般的には以下の内容です。
①トップのコミットメント
　人材開発、人材育成、人材教育に関するコミットメントなど

◎ＳＣＭの人材関連貢献事業◎

目　標	4 質の高い教育をみんなに	5 ジェンダー平等を実現しよう	10 人や国の不平等をなくそう
内　容	すべての人に公正で質の高い教育を確保	すべての女性および女児の能力強化を行なう	各国内および各国間の不平等を是正する
貢献する社内活動	ＳＤＧｓの社内研修	●女性向け教育システムの提供 ●女性向け融資	●職業訓練 ●専門学校提供
貢献できるビジネス関係	●脆弱な立場にある子供などの教育システム ●職業訓練システム開発 ●ＩＴ、ｅラーニング教育資材	●女性向けの家電製品開発 ●女性向けトイレ ●美容品開発 ●医療提供 ●金融商品 ●就労支援 ●家事代行	●学校教育 ●職業訓練・生涯教育サービス ●カウンセラー ●遠隔医療提供 ●送金サービス ●国際輸送

②**人材開発の全体像提示**

　人材開発の意義や目的の明確化

③**社会人の生き方、企業理念の徹底**

　それを実現する研修やセミナーの実施

④**社員との対話推進**

　人権意識・ダイバーシティ（多様化）

7-9 防災・減災とSCM

安心・安全に暮らせる社会の実現に貢献

　防災・減災への取組みは、ＳＣＭの目標達成にはストレートにかかわる問題ですから、企業では当然のこととして実行されています。

　また、災害による社会的損失も大きいことから、ＳＤＧｓでも多くの目標に関係しており、これに関する詳細の説明は不要なテーマとも考えられます。

　防災・減災に関しては、特に目標3、11、13に重要な関連性がみられます。もともと、防災・減災に資する商品・サービスなどの提供や、さまざまな組織との協働プロジェクトを展開し、人々が安心・安全に暮らせる社会の実現に貢献するという方針があるため、「人々が安心・安全に暮らせる社会の実現に貢献している」点を掲げるとともに、「さまざまな組織との協働プロジェクトの展開」を行なうという事例が目立つのもこの目標の特徴です。

内部活動、ビジネス関連活動の事例

　内部活動としては、通常はどんな企業でもサプライチェーン全般で災害リスクに備える活動を実施しているので、その活動がそのままＳＤＧｓの達成目標になります。ＳＣＭの展開としては、この方針に沿った形で、「自社の備えを強化する動きを示す事例」によるＳＤＧｓへの貢献があげられています。

　新たなビジネスモデルとしては「防災・減災に資する商品・サービスなどの提供」「防災住宅の提供」「木材提供や植林事業」「保険、情報提供サービス」など多岐にわたる活動事例がみられます。

　政府は、「気候変動に具体的な対策を」と呼びかけています。企業も二酸化炭素（CO_2）の排出削減など気候変動を緩和するため

◎ＳＣＭの防災関連貢献事業◎

目　標	3 すべての人に 健康と福祉を	11 住み続けられる まちづくりを	13 気候変動に 具体的な対策を
内　容	あらゆる年齢の すべての人々の 健康的な生活を 確保	都市と人間の居 住地を包摂的、 安全、強靭かつ 持続可能にする	気候変動とその 影響に立ち向か うため、緊急対 策を講じる
貢献する 社内活動	●健康・栄養食 品の被災地提 供 ●健康診断 ●社内研修	●防災対策の実 施 ●工場やビルの 強化 ●防災教育	●防災対策の実 施 ●工場やビルの 強化 ●リスク管理
貢献できる ビジネス関係	●診療機器 ●防災ロボット ●健康食品 ●ワクチン開発 ●熱波対策機器	●防災関連製品、 緊急支援物質 の開発 ●防災インフラ の建設・販売 ●耐震改修製品 の販売・ロー ンの開発	●植林、木材活 用 ●災害予報など 関連情報シス テム ●リスクマネジ メントの提供

7章

サプライチェーンが貢献するＳＤＧｓの課題

の活動や、気候変動に適応して新たな製品やサービスを開発する活
動を行なっているのですが、費用対効果などの結果を分析している
企業が全体の40％で、それを報告している企業は30％程度です。

　さらに、新製品やサービスに活かしているという企業は40％程度
という調査が報告されており、思ったほどには積極的に動いてはい
ないという印象を受けます。

7-10 SDGs報告書の作成

 報告書に記載が必要な4つの目的

　SDGsの活動で重要なのは、サプライチェーンへの広がりですが、そのために重要な働きをするのが文書・報告書の作成です。報告書作成の主要目的は、ステークホルダーとのコミュニケーションですが、内部教育、サプライヤー等への対応も重要な役割です。

　報告書には、7－7「内部統制」の項で示した次の4つの目的について、実施した結果とその内容の分析を示す必要があります。

> ①業務の有効性および効率性　　②財務報告の信頼性
> ③事業活動に関わる法令等の遵守　④資産の保全

　SCMは、幅広い活動であり、報告すべき項目の種類と量も膨大になります。自社の事業のSDGsへの貢献度やインパクトを測るためには、客観的で比較可能な開示情報や指標が必要となります。

　上記4つの目的についての活動は行なうべきことの性格がまったく異なっているので、報告のしかたについて取り決めておかないと、読み手には難しいものとなってしまいます。担当者は、報告のルールと基準を定めたうえで報告書を作成しなくてはなりません。

 報告書作成のためのガイドラインがある

　報告書作成のガイドラインとして「SDGsコンパス」が参照できます。これは、企業向けのSDGsの導入指南書です。SDGsを経営戦略と統合し、SDGs達成への貢献を測定し管理していくことについて指針を提供したもので、5つ目のステップに「報告とコミュニケーション」が提示されています。SDGsを導入する企

◎SCMの報告書作成のためのガイドラインのリスト

SDG Compass	ウェブサイト（www.sdgcompass.org）
ＳＤＧｓコンパス ステップ5	「報告とコミュニケーションを行う」の項。企業活動によるＳＤＧｓへの貢献度やインパクトを測るにふさわしい開示情報や定量的／定性的指標のリストを提案。
ＧＲＩ 包括的基準	アメリカの市民団体と国連環境計画が協力してつくったガイドライン。環境報告書の内容の質ならびに信頼性・比較可能性の向上のため、世界で統一した内容の基準をめざしている。
ＣＤＰ	ＣＤＰは2000年に英国で設立したＮＧＯであり、投資家・企業・都市・国家・地域が環境の影響を管理するためのグローバルな情報開示システムを運営。
ＩＳＯ26000	本規格のなかに「報告実務」の項があり、ガイドラインが示されている。
国連人権報告	国連報告書の作成基準がある。
ＣＤＳＢ	ＣＤＳＢは「Climate Disclosure Standards Board」の略。企業の気候変動情報開示の標準化をめざす国際的な枠組み。

（※） 詳細については、それぞれのウェブサイトなどを参照してください。

業は、このガイドに従ってパフォーマンスを報告することができます。

　しかし、この内容はよくできているのですが、すぐに理解できるほどわかりやすいとはいえません。ＳＤＧｓに取り組んだ理由、その結果を出したプロセス、結果がもたらす影響（プラス影響、マイナス影響）などの記述が要求されています。そのため、ＳＤＧｓ全体の基本事項を知ったうえで取り組まなければならないとともに、細部については他の企業が出している報告書を参考にしながら作成するとよいでしょう。

渋沢栄一にみる社会的責任の実践

　企業の「社会的責任」（CSR）ということになると、「SDGs」のように、具体的な目標を設定して、すべての活動のよりどころにするということは、わかりやすくて取り組みやすいと感じます。7章の本文でそれをもとに説明したのは、あいまいな理念よりも解説しやすいし、理解もされやすいと思ったからです。

　しかし、日本の歴史上では、そもそも社会的責任を実行している経済人は少なくなく、また現在でも多くの人に支持されています。そういった人の名言などを読んでみると、いまさらながら含蓄にあふれた言葉に感銘を受け、やはり企業を成功に導いた人は違うなと感じます。

　たとえば、2021年のNHK大河ドラマの主人公に決まり、新一万円札の肖像画にも採用された渋沢栄一は、CSRに関連する人物です。

　渋沢栄一は、明治時代の事業家のなかでも、とりわけ重要な人物で、第一国立銀行（現・みずほ銀行）、東京証券取引所、帝国ホテルなど500以上の企業・組織の設立に関わり、日本の現代的経済システムの基礎を築きました。渋沢栄一といえば、その著書『論語と算盤』（1916年）でも記述されているように、「論語」を常にそばに置いて商売の教訓としていることで有名です。

　論語というのは、いうまでもなく孔子の思想であり、渋沢はその著書のなかで、儒教と経済との融合を説いた考え方を示しています。有名な「道徳経済合一説＝富をなす根源は何かといえば、仁義道徳。正しい道理の富でなければ、その富は完全に永続することができぬ」です。

　「論語」には、おのれを修め、人に交わる日常の教えが説いてありますが、この論語で商売はできないかと考えたということが画期的です。しかも、同じような考え方は、江戸時代の石田梅岩、二宮尊徳、近江商人などに見られます。

　渋沢栄一は、論語の教訓に従って商売し、利殖を図ることができ、しかも道徳がその根源であるとしています。読者の皆さんも論語の力を信じて、ビジネスに活かしてみてはいかがでしょうか。

8章

サプライチェーンの将来について考えてみよう

Supply Chain
Management

8-1 サプライチェーンの未来

SCは何のために存在しているのか

　SC（サプライチェーン）には、原材料供給者、サプライヤー、製造業者、卸売業者、小売業者、物流会社など、さまざまな企業が関わっています。

　これらの企業が、個別に生産量や在庫量を管理していると、余剰在庫が生じたり、需要の急増に素早く対応できず収益機会を失ったりするなどのデメリットが生じます。そこで、これらの企業間で情報を共有して物の流れを効率化することにより、在庫量の最適化や納期短縮、コスト削減を可能にすることがSCM（サプライチェーン・マネジメント）の業務であるということは、本書で何度も述べてきたところです。

　そもそもSCは、ビジネスを維持するために存在するように感じられてきましたが、この本の主題でもあるように、本来は**企業の価値を高める**ために使います。

SC関連企業が連携して課題を克服

　SCをコントロールする目的は、創造にあります。結局は、SC全体で価値を共有して、その製品やサービスあるいは企業ブランドの価値そのものを顧客に伝えて成立するものです。

　それは、企業経営の目的と同じことですが、そのためには何をする必要があるでしょうか？　将来のために何をするのかが問題です。

　企業ブランドの価値を顧客に伝えて共感してもらうのは、実はマーケティングの目的と同じです。企業が未来にも生き続けるには、1社で頑張るというよりは、SCに関わる企業全体で共有価値をもたないと実現できるものではありません。

◎ＳＣＭの未来に関する課題◎

ジャンル	課　題	内　容
環境問題	廃棄物処理	●産業廃棄物 ●食品廃棄物 ●ＳＤＧｓ関連 (8-5項で説明します)
	●エネルギー効率のアップ ●エネルギー転換	●自然エネルギーの活用 ●構造改革の進展
情報技術	●ＡＩ活用 ●ブロックチェーンの活用 ●シミュレーション ●５Ｇ技術	新しい情報技術にどのように対応していくかは、ＳＣＭの中心課題 (8-3項で説明します)
自動車と航空機産業	●ＥＶ（電気自動車）の新ものづくり体系 ●新型航空機の開発	裾野の広い産業だけに影響は大きい (8-4項で説明します)
地方再生	●地方企業の掘り起こし ●地方へのＳＣ拡大 ●情報発信	災害や環境変化等で落ち込む地方の活性化
グローバル	東南アジアを中心にグローバル展開	流通や通信インフラの整備が進む (8-2項で説明します)

　ＳＣを構成するのは通常、複数の企業であり、資本関係はありませんが、共通するテーマはいくつもあります。各企業としても、新しいビジネス、新しい環境、新しい情報技術なども取り込んでいかないと、現状を維持するだけでは未来に生き残れないでしょう。

　これまで本書で述べてきた点を参考にしながら未来像を形成していただければよいと思いますので、ＳＣ全体の未来を決めていくヒントについてこの章で整理しておきましょう。

外国との経済協力協定の影響は？

TPP協定は、2016年2月に12か国が署名しましたが、2017年1月に米国が離脱宣言をしたため、2017年11月にベトナムで開催されたTPP閣僚会合において、米国抜きで協定について大筋合意しました。

そして2018年3月には、わが国を含めた11か国の閣僚が署名を行ないました。TPP11の意味についての説明は省きますが、署名が行なわれて以降、輸出入の活発化、インフラの整備、企業の進出などが確実に増加しています。

もう1つの貿易協定であるRCEP（域内包括的経済連携）は、自由貿易をターゲットにした協定ですが、中国、韓国、ASEANなどが入っている東アジア圏全体をカバーしています。インドが離脱表明したものの、加盟15か国でかなりの合意が行なわれていることから、連携できる見通しが立ってきました。

日本の生きる道は、海外との連携を確かなものにして成長を図るしかありません。さらに踏み込めば、ASEANの成長力を取り込まない戦略はあり得ないでしょう。

現在進んでいる協定はこの2つで、今後、別の大きな協定が出てくる可能性はゼロです。そこで、この2つの協定を確かなものにして、企業が安心・集中してSCを広げる作戦をとれるようになる環境づくりが注目されます。

連携協定に加わろうが加わるまいが、ASEAN諸国は日本に好意的な国ばかりです。日本企業のSC傘下にASEAN諸国を組み込むことは必要ですが、ASEAN諸国の事情はまだバラバラで成長率にも差があります。そのうえ多くの日本人は、ASEANとい

◎日本を取り巻く経済協力協定◎

TPP11	ASEAN	RCEP （アールセップ）
アジア太平洋地域経済連携。関税、サービス、投資の自由化などを推進	東南アジア諸国連合。本拠地ジャカルタ。経済、社会、安全保障などの地域協力機構	域内包括的経済連携、域内自由貿易ＦＴＡを推進する（現在、協議中）
日本 カナダ メキシコ チリ ペルー オーストラリア ニュージーランド シンガポール マレーシア ブルネイ ベトナム （アメリカ→離脱）	ベトナム タイ インドネシア シンガポール マレーシア フィリピン カンボジア ミャンマー ラオス ブルネイ	ＡＳＥＡＮ10か国 日本 中国 韓国 オーストラリア ニュージーランド （インド→離脱）

う国々を理解していない面もあるので、状況を十分把握せずに進出を急いでしまうというケースもみられます。

　いまも海外進出には多くの企業が関わっていますが、これらの企業が個別に進めていくよりも、必要な情報を共有して物の流れを効率化することにより、ＳＣＭの目的達成も早くなるし、進出後も在庫量の最適化や納期短縮、コスト削減を効果的に行なえます。

　諸外国の情報をしっかり押さえて、ＳＣ傘下の企業と情報の共有を実現する環境づくりが急がれています。それは多くの日本企業にとって共通の課題です。

8-3 電気自動車（EV）の未来は？

自動車産業がSCの管理技術の向上に貢献

　電気自動車（EV）の開発は、ますます盛んになっており、売上も伸びています。各社の力の入れ方や今後の戦略的展開を見ても、EVがまだまだ伸びていくのは明らかです。

　さらに、EVに必要な部品の骨格がだいぶ固まってきたようです。課題はあるものの、部品市場に出てくる内容やスペックは、本格的な供給段階に入ってきたといえます。

　自動車メーカー、部品メーカーの思惑はまだ一致していないし、標準化の動きも活発とはいえませんが、ガソリン車で築かれたような階層型のものづくりができつつある状態に入りました。

　自動車産業が、SCの管理技術向上に貢献していることは明らかです。ジャストインタイム、プラットフォーム設計、自動車の運搬形態など、自動車産業の影響を受けた産業もたくさんあります。すそ野の広い産業なので、その影響も大きいといえます。

　その自動車産業に起こっている波が「電気自動車」であり、「自動運転」の広がりです。たとえば、EVのバッテリーは特殊な素材が必要です。ガソリンエンジン車とは異なった部品でつくられるので、再びTier1、Tier2、Tier3…、とすそ野が広いSCを産み出すと推察されます。この動きはSCの未来にも、いい影響を与えてくるでしょう。

　航空機産業も非常にすそ野の広い産業です。安全性に関する評価が厳しく、SCに入るには一定の基準をクリアしなければなりません。ねじ一本から厳しいチェックが入ります。特に、ボーイングとエアバスはツートップ企業なので、経営状況や事故対応などで、SC傘下の企業に与える影響は全世界に及びます。

◎すそ野の広い産業のＳＣＭ◎

> 「自動車産業」では、トップクラスのメーカーが階層構造の部品供給体制をとっている。

> 「航空機産業」は、品質基準が厳しいので管理の複雑な階層構造を好まない傾向がある。

【電気自動車（ＥＶ）の主要部品】

電気系部品の台頭	開　発	手　段
モーター	●モーターメーカー ●自社開発	傘下の企業で内製化する傾向
●インバーター ●コンバーター（DC-DC コンバーター）	●部品メーカー ●自社開発	もともとの電源専門メーカーが強いようです
バッテリー	●バッテリーメーカー ●自社開発	電池専門メーカーも含め覇権争い中
車載充電	充電器メーカー	専門メーカーが強い
●自動運転 ●制御システム	自社開発	基本的に他社に依存しにくいシステム
●自動車内情報 ●コンピュータ	●自社開発 ●ソフト開発会社	自動運転と切り離しにくい面がある

（※）　ＥＶメーカーは、主要部品を自社製とするか専門会社に依頼するか、まだ結論を明確にはしていない（できない？）。

　ＳＣＭには、複雑で高度なノウハウが必要です。だからＩｏＴ、ＡＩなどを取り入れたサービス展開も、他産業よりも早かったのは偶然ではありません。ものづくりから保守サービスまで、巨額な投資と緻密な管理が要求される産業だからです。

　ただし制約が多い分、航空機産業は自動車のような縦型の分業体制を好まない傾向もあります。2030年までに現在の２倍の数の航空機が必要とされています。自動車とは違った広いＳＣが展開されつつあるので、航空機産業の未来もＳＣＭ関係者は注目するべきです。

通信技術の未来と５Ｇの活用

ＳＣＭに５Ｇをどのように活用するか

　ＳＣをコントロールするためには、対顧客まで含めて強力なメッセージを伝達する必要があります。そのやり方については、情報技術を活用しなければなりませんが、現実には定期的にフェースツーフェースで確認する場を持たないと制御は不可能です。

　ＳＣで共有できる価値は、具体的には物理的な製品や目に見えるサービスではなく、そのなかにこめられた「思い」や「感動」などであり、それを確かなものにするのが「情報」です。

　文章に表わしきれない「理念」や「それを産み出したプロセス」も重要な共有要素です。こういったもので、ＳＣ全体をコントロールできるようになることが望まれる姿であり、その状態を情報技術でつくり出すことが未来への課題でもあります。

　通信技術５Ｇについては、その速度ばかりがクローズアップされているようですが、実際にはこの技術を何に役立たせるかが重要な課題です。そういった意味では、５Ｇはまだその効果をフルに発揮していません。ＳＣＭ的には、未来への課題は情報共有化と意思決定の速さに５Ｇを活用することです（正確には、多くの規格がある通信技術を目的のために適切に使いこなすことが優先課題）。

　５Ｇは、映画１本分を数秒で通信できる速さです。ただし、その特徴を活かす応用をどこに求めるのかはわかっていません。４Ｇのときにはほとんどの人が無関心であったのに比べると、５Ｇへの期待の高さは異常です。４Ｇのスピードになってから、ゲームは飛躍的に面白くなりました。５Ｇも産業の活性に大いに期待できます。

　右ページの図に、ＳＣＭへの影響例をあげましたが、自動運転技術と連携してＳＣ傘下の企業で何が起きているのかを瞬時に把握で

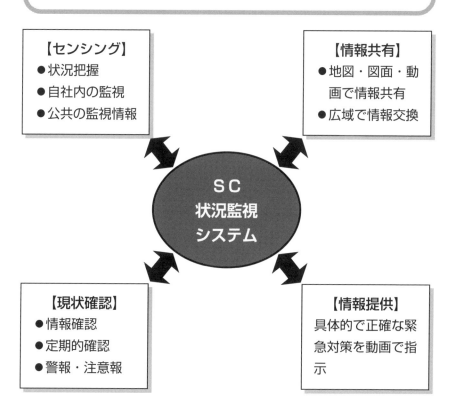

◎５Gを活用したＳＣの状況確認システム◎

クラウドサーバーと多数の機器間との通信には、５Gの速さと同時多接続性が有効。

【センシング】
- ●状況把握
- ●自社内の監視
- ●公共の監視情報

【情報共有】
- ●地図・図面・動画で情報共有
- ●広域で情報交換

ＳＣ状況監視システム

【現状確認】
- ●情報確認
- ●定期的確認
- ●警報・注意報

【情報提供】
具体的で正確な緊急対策を動画で指示

きるシステムに期待が寄せられています。瞬時に現場を把握して情報を共有化し、対策を取れると多くのトラブルは減少するでしょう。

　自然災害が発生しても、現地の様子を動画（５G）で確認するのと静止画（４G）で確認するのとでは、輸送ルートを変える方法や正確さが違ってきます。通常の会議でも、情報量がまったく違うわけですから、意思決定に好影響を与えます。５G技術がＳＣＭを変えていくのは明らかです。

8-5 環境問題の未来とSCM

 1つの企業で環境対応できるわけではない

　7章で、企業の事業活動は環境問題により一層力を入れていると説明しましたが、今日の環境問題は対応を間違えると、その長期的事業継続を脅かすようになっています。

　そのため企業は、自社の製品やサービスのライフサイクル全般にわたって環境への影響を検討し、対策に向けて努力しています。ＳＣのパートナーと協働することで、環境問題の改善に注力する企業もあります。現在の社会の関心は、すでに一企業の環境対策ではなくＳＣ全体における環境問題の解決（廃棄物削減、自然エネルギーへの転換など）に向かっています。

　こうした動きを受けて、積極的に解決に向かっている企業も増えています。単に改善するだけでなく、社会にとっての価値を生み出す努力という前向きな方向で活動しているわけです。

ＳＣ排出量の削減に取り組む

　環境省と経済産業省は、共同のウェブサイト「**グリーン・バリューーチェーンプラットフォーム**」において、ＳＣ排出量（scope 1 〜 3）の考え方を示し、事業者自らの排出だけでなく、事業活動に関係するあらゆる排出を合計した排出量を示しています。

　ＳＣ排出量とは、「scope 1 + scope 2 + scope 3 排出量」をいい、原材料調達・製造・物流・販売・廃棄など、一連のＳＣの流れ全体から発生する温室効果ガス排出量のことをいいます。Scope 3 基準では、scope 3 を15のカテゴリに分類しています。

　この基準を示すことは、事業者のＳＣを通じた削減ポテンシャル（自社以外での排出削減行動）に対して、具体的な行動を促す効果

◎温室効果ガス排出量削減効果のカウント排出量に
焦点をあてた改善点◎

①自社内の使用による排出エネルギー管理（→従来の省エネ活動）

②他社からの供給エネルギー使用に伴うエネルギー消費（→従来の省エネ活動範囲）

- 自社活動に伴うエネルギー排出量の管理
- 輸送・配送・出張・通勤等、自社製品の使用による排出量の管理

SC参加企業の
同様の排出量管理

「グリーン・バリューチェーンプラットフォーム」が示したSC排出量

をもたらしています。これまで算定対象外であった「scope 3」を含むSC全体の排出量に対して削減対策を実施することで、SCを構成する事業者への情報提供等を働きかけることにより、他の事業者の理解促進および事業者の連携を図り、協力して温室効果ガスの削減を推進することができるでしょう。企業の競争力強化を図ることが期待されているわけです。

　この点は、未来志向の環境対策に必ずつながっていくはずです。

171

スポーツから学ぶＳＣ戦略

　これからのサプライチェーン戦略にとっての課題については、８－１項に示しましたが、いま、１つのバリューチェーンを複数の企業で分担する分業化の推進や、グローバル化することによる複雑化が進んでいます。これからもこの流れは、間違いなく加速していきます。

　これまでのサプライチェーン戦略も相当に複雑ではあったのですが、これからは、さらなる問題や課題に適応した戦略を立案していかなくてはならない時代になります。

　複雑になるということは、１人で何もかも行なうのはより難しくなるということです。そこで結局は、人材を育成してチームで対応していくことになります。チームによる仕事ということでは、スポーツの世界が参考になります。

　チーム競技によるスポーツは、それぞれのチームがどのようにチーム内の調和をとっていくのか、性格が表われます。

　たとえば、米国発祥のスポーツは、監督や指導者がいて選手は役割分担がきちっと決まっており、戦略的に戦います。野球、アメリカンフットボール、バレーボールなどはその例です。

　一方、英国発祥のスポーツは、役割分担はあるものの、試合中の一瞬の出来事で攻撃と守備が入れ替わらなくてはなりません。監督は試合中にはあまり口出しできないという特徴があり、選手が現場で即座に立場を切り替えて動くことを要求されます。サッカーやラグビーはその好例です。駅伝は、日本発祥なのでそれらの中間かもしれません。

　人材の育成と組織の活性化は、ビジネスでもスポーツでも変わらない部分があるので、マネジメントの立場でスポーツ観戦をするのもいいかもしれません。

　もっとも、多くのスポーツファンは、自然と監督の立場で試合やチームを見ているようなので、私が言うまでもなく実行されていると思います。

おわりに

　2011年３月に、未曽有の大地震が日本を襲いました。あれだけ地震大国日本だと警告されて、対策もとってきたはずですが、被害については、はるかに想像を超えてしまい、日本中に大きなショックを与えました。

　それ以降、サプライチェーン（＝ＳＣ）の概念がさらに浸透して、いま産業界の人でサプライチェーン・マネジメント（＝ＳＣＭ）の重要性を知らない人はいません。

　しかも、サプライチェーンは守る対象ではなく、伸ばしていく対象でもあります。本書を執筆して、こんなに複雑になったシステムでも、それを支えているのは人なので、人材育成は大事であると改めて思いました。

　本書は、人材育成の助けにもなると信じて、他にはないユニークな観点からわかりやすく説明できたと思っています。ぜひ、お役に立てていただければ、こんなに幸せなことはありません。

　最後に、出版にあたり大いなるご支援をいただいた関係企業の皆さま、執筆の機会をいただき多大なアドバイスをいただいたアニモ出版の小林良彦さま、そして中小企業診断士の仲間の皆さま、製作に携わったスタッフの皆さまに、この場をお借りして感謝申し上げます。

神谷　俊彦

神谷俊彦（かみや　としひこ）

大阪府出身。大阪大学基礎工学部卒業。中小企業診断士、ＩＴコーディネータ、Ｍ＆Ａシニアエキスパート。
富士フイルム（株）にて技術・マーケティング部門で35年勤務後、独立。現在、一般社団法人城西コンサルタントグループ（ＪＣＧ）会長として、会員とともに中小企業支援を行なっている。同時に、ものづくり経営コンサルタント会社（株）ケービーシーを設立して、代表取締役に就任し、現在に至る。
得意分野は、ものづくり支援、海外展開支援、ＩＴ化支援。
著書に、『図解でわかる品質管理 いちばん最初に読む本』『図解でわかる購買管理 いちばん最初に読む本』『図解でわかる外注管理 いちばん最初に読む本』『図解でわかるＩｏＴビジネス いちばん最初に読む本』『図解でわかるＲＰＡ いちばん最初に読む本』『生産管理の実務と問題解決 徹底ガイド』（以上、アニモ出版）がある。

【ＪＣＧホームページ】https://jcg-net.com/

図解でわかるＳＣＭ いちばん最初に読む本

2020年2月20日　　初版発行

著　者　神谷俊彦
発行者　吉溪慎太郎
発行所　株式会社アニモ出版
　　　　〒162-0832 東京都新宿区岩戸町12 レベッカビル
　　　　TEL 03(5206)8505　FAX 03(6265)0130
　　　　http://www.animo-pub.co.jp/

©T.Kamiya 2020　ISBN978-4-89795-234-5
印刷：文昇堂／製本：誠製本　Printed in Japan